JN255275

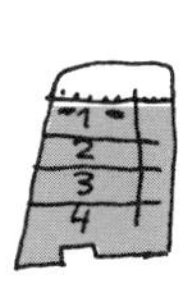

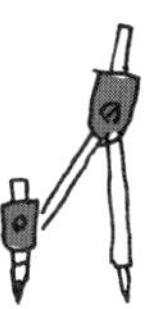

授業がもっと楽しくなる！

学校で使いたい ことわざ

時田昌瑞・安藤友子〔監修〕

ことわざ授業づくり研究会〔編〕

大修館書店

まえがき

本書は、次の点でこれまでのことわざの本にない特色を備えています。

第一、小学校の授業時間割にもとづいた教科別分類であること。

第二、現場の教員とことわざ研究者の共同作業により、学校教育とことわざを強く結びつけたものであること。

第三、学校現場の実際の様子に即して、必要なことわざに絞って取り上げていること。

こうした試みは、前例のないきわめてユニークなものです。

ことわざは、学校教科書のない古い時代には、生活に必要なあらゆることを学ぶ大事な言語ツールとして活用されました。近代に入り、明治時代には修身などの教科書にしばしば取り上げられ、親しまれました。しかし、戦後になると、一部の例外を除いて、学校教育とことわざは疎遠になってしまいました。

そうした状況のなか、2011年から使用される小学校の国語教科書に、ことわざと慣用句が教材として加わりました。教科書によって違いはあるでしょうが、多くは3年生で慣用句、4年生でことわざが取り上げられています。しかし、教科書に掲載されたことは画期的で歓迎できるのですが、1単元分程度の扱いにとどまり、広くて深いことわざの修得にはほど遠く、残念ながらお茶を濁した程度というレベルなのです。

日本には5万も6万ものことわざがあります。その大多数は、大きな辞典のなかにひっそりと収まっていて、好事家や一部の研究者を別にすれば、一般の人が親しんでいるのは、常用のことわざ700～800程度です。テレビのクイズ番組や新聞の穴埋めクイズなどでは、めずらしいことわざも使われていますが、程度は知れています。

子どもの世界ではどうでしょう。じつは子どもたちには、ことわざはたいへん人気があります。動物が多用されたり、おもしろい言い回しがあったりするからでしょうか。テレビアニメや子どもがよく読むマンガなどにはことわざがよく使われていますし、出版物ではことわざのマンガ本が大人向けのものよりよく売れています。

子どもにとってことわざは、マンガやアニメで接するものであり、学校や家庭からではないのです。いわば、学校でのことわざ教育は、テレビやアニメに大きく遅れをとり、後塵を拝しているといっても過言ではないのです。

「ことわざ授業づくり研究会」は、学校教育とことわざの関係についてこのような認識に立ち、学校教育のなかでことわざ教育の推進を図ることを目的に、日本ことわざ文化学会のいわば分科会として、2012年に発足しました。研究会がめざすところは、教育ツールとしてことわざを学校教育のなかに位置づけ、ことわざに対する認識を深めて、広めることにあります。

本書は、ことわざ授業づくり研究会の活動の一環として、子どもを指導する教員を対象にして、ことわざ教育に資することを目的に作られました。その際に留意した点がいくつかあります。

一つは、教員自身のために現場の学校で使える内容にするというものです。学校は時間割のもとに動いていますので、その観点からそれぞれの時間ごとに適した内容のことわざを選ぶことにしたのです。世間で常用されることわざは、基本として本書でも取り上げていますが、必ずしもその枠にとらわれず、教科や学校行事を前提にして使えるものを選別しました。その結果、大きな辞典にもみられないユニークなことわざも収められています。

二つには、「管理職編」を設けたことです。学校には、朝会、入学式や卒業式、運動会や学芸会など、時間割にない行事もあります。そのような行事には、管理職（校長先生）のあいさつが伴うものですが、そのネタとしてことわざは最高のフレーズとなります。つまり、現場のニーズに応えるために管理職編を設けたのです。

三つめは、「総合的な学習の時間」に創作ことわざを取り上げたことです。「総合」は教員の力量が大きく問われる、ある意味でやりがいのある教科であると同時に、手強くやっかいなものでもあります。特に、何をテーマにするかで、子どもの関心は少なからず左右されるでしょう。その点で、創作ことわざはおすすめです。低学年から高学年まで、レベルに応じて取り組むことができるからです。

本書は、学校教育で実際に役立つ“ことわざの教育実用書”ともいえると思っています。そもそも、ことわざにはおもしろくてためになる働きがあります。読者の皆様には、まずは、ご自分が楽しみ味わわれた上で、その思いをかわいい子どもたちに伝え、子どもといっしょに楽しんで役立てていただけましたら、監修者として、それ以上の喜びはありません。

ことわざ研究家　時田昌瑞

もくじ

1日目

1時間目 国語 … p.12

2時間目 算数 … p.19

中休み

3時間目 体育 … p.32

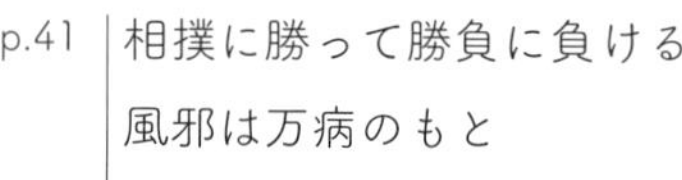

2日目

1時間目　理科…p.66

2時間目　英語…p.80

中休み

3時間目　家庭科… p.92

4時間目　道徳… p.98

給食

5時間目　音楽… p.105

6時間目　総合… p.114

部活（音楽系）… p.120

管理職編 … p.123

朝会

学校行事

職員会議

卒業式

装丁・本文デザイン……園木　彩
装画・本文イラスト……加藤ジャンプ
図版提供……………………時田昌瑞

DAY1

1日目

時間割	
1時間目	国　語
2時間目	算　数
中休み	
3時間目	体　育
4時間目	社　会
給　食	
5時間目	図　工
6時間目	学級会
放課後	部　活

#01 JAPANESE

#02 MATHEMATICS

#03 P.E.

#04 SOCIAL STUDIES

#05 ART

#06 H.R.

#07 ACTIVITIES

1日目

1時間目

JAPANESE

国語

読む

門前の小僧習わぬ経を読む

意味 **人は環境に強く感化されるというたとえ。**

解説 　子どもの耳の記憶力はすばらしいもので、寺の境内で遊んでいる子どもたちは、教わったわけでもないのにむずかしいお経を覚えてしまいます。ですから、子どもにとって、先生や友達が教科書を読むのをしっかり聞くことも、よい学習になります。

　このことわざとは逆ですが、国語の教科書などにお気に入りのフレーズがあると、子どもはすぐに覚えてしまいます。数人の子どもたちが、廊下を歩きながら、お気に入りのフレーズを歌うように唱えていることがあります。明るくのどかな声が響く学校。とてもいいものですね。

関連 ・勧学院の雀は蒙求（もうぎゅう）をさえずる　・見よう見まね

読む

学の前に書来たる

(がく / しょき)

意味 **学ぶ意欲のある者のもとには、よい書物がそろうということ。**

解説 学びへの関心と意欲が高くなり、努力をはじめると、自然とその努力にこたえるように、必要な資料や本がそろってくるということです。具体的な学びの視点をもつと、わからないことが明確になり、確かな知識を得たいと思います。そして、なぜそうなるのかその背景を探るようになり、そのために必要な本や具体物への探究が深まります。学ぶことの面白さを実感する、スタート地点ですね。

「課題探求型」の学習が大切だといわれていますが、子どもの知的好奇心を引き出し、子どもが自然と本に手を伸ばすようにしたいものです。

関連 ・学ぶ門には書(ふみ)来たる

書く

ペンは剣よりも強し

意味 **言論の力は武力よりも強いということ。**

解説 ここでの「ペン」は言論の力、「書く」ことの象徴。そして、「剣」は武力や武器の象徴です。もとは、ラテン語からの翻訳で、イギリスの政治家で小説家でもあるリットン（1803 − 1873年）の戯曲『リシュリュー』によって、一般に知られるようになりました。

言葉の力が武力を上回るのは望ましいことですが、残念ながら現実世界では必ずしもあてはまりません。リットン自身が「完全に偉大な人物の支配のもとでは」という前提条件をつけています。

学校で国語を学ぶ子どもたちには、たしかな国語力を身につけて、「ペン」の力を高め、武力によらない社会を築ける大人になっていってほしいものです。

書く

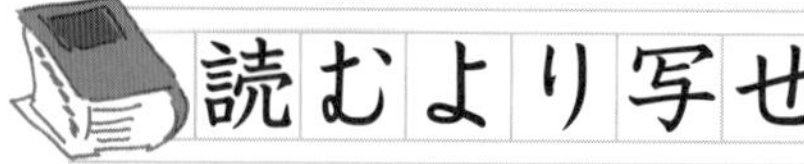

読むより写せ

意味 **何度も読むよりも、一度書き写すほうがしっかり覚えることができるということ。**

解説 人によって、勉強のしかたはさまざまです。「学問に王道なし」「急がば回れ」「一を聞いて十を知る」…。次々と、そんなことわざが浮かびます。このことわざは、いわゆる「視写」という勉強法でしょう。お手本となる文章を見ながら、手で書き写すことです。昔から言い伝えられていますから、かなり普及した勉強法だったのでしょう。

最近では、朝日新聞の「天声人語」を書き写すことがはやっているようで、専用のノートまで売られています。

関連 ・十編読むより一編写せ

話す・聞く

十（とお）のことは十（とお）に言え

意味 **自分の思いを確かに伝えたかったら、筋道を立ててきちんと言わなくてはならないということ。**

解説 自分が思っていることを、相手にわかるように話すというのは、案外むずかしいものです。特に、人前で自分の思いを話すことを苦手に思う子どもは、多くいます。十を伝えたいと思っても、八しか伝わらなかったり、時には五しか伝わらなかったり…。

これは、日本人の特性とされてきたかもしれませんが、グローバル化時代、そうも言っていられなくなりました。国語科では「話すこと・聞くこと」の指導が学年の発達段階に即して行われます。適切な指導を行って、自分の思いをきちんと話すことができるようにしたいものです。

関連 ・以心伝心

話す・聞く

言わぬが損

意味 **言うべきことを言わないと不利になるということ。**

解説 「後悔先に立たず」といいますが、後になって、「あの時、ああ言えばよかった、ちゃんと言うべきだった」という後悔は、だれにもあることでしょう。言わなかったことで、自分の立場が不利になってしまうこともあります。授業中、言いたいことがありそうなのに発言しない子どもに、「言わぬが損だよ」と発言をうながすのもよいでしょう。

一方で、言わないですませてしまおうと決めたのは自分なのですから、たとえ不利になっても、自分の責任だと受け入れたほうがよいかもしれません。そして、「言わぬが花」ということも…。

関連 ・言わぬことは聞こえぬ　・言わぬは腹ふくるるわざ

話す・聞く

話上手に聞き上手

意味 **本当に話が上手な人は、聞くのも上手だということ。**

解説 このことわざどおりの人もいるかもしれませんが、話すのは上手ではなくても、じっくり人の話を聞いてくれる聞き上手もいます。どちらかといえば、話上手だけれど、自分がしゃべってばかりで、人の話を聞くのは下手、という人が目立つかもしれませんね。

自分も話上手になりたい、聞き上手になりたいと願う人が多いのではないでしょうか。理想ともいえる、「話上手に聞き上手」に近づけるように努力しましょうか。

おしゃべりばかりの子どもを注意するときにも、使えることわざです。

関連 ・話上手に聞き下手

話す・聞く

丸い卵も切りようで四角

もののいい方や、やり方しだいで、角が立ったり、まるく収まったりするということのたとえ。

ものの言い方はすごく大事だということをユーモラスに表現したことわざです。同じ卵でも、切り方によっては四角くなったり、平らな円になったり、細長くなったりします。同じことを伝えるときも、言い方しだいで、角が立ち、相手にいやな思いをさせることがあります。

授業中の話し合いで、友達の意見に対して反対意見を述べるときも、その言い方には気をつけたいものです。

先生の子どもに対する言葉がけも、子どもの言い分をよく聞き、言い方に気をつけるよう心がけなくてはなりませんね。

関連 ・ものも言いようで角が立つ

話す・聞く

口のききようでお里が知れる

話をすると、その人の生まれや育ち方がわかるということ。

上等な衣服を身につけた一見立派な人が、横柄なもの言いや乱暴な言葉づかいをしたり、あいさつもできなかったりすると、このことわざが思い浮かびます。話し言葉にお国なまりが出て、郷里が想像される、というほほえましさとはちがいます。ふだんのなにげない会話に、その人の育ってきた環境が出てしまうということです。相手や場面に応じた敬語など、適切な言葉づかいを、学校でも指導していきたいですね。

ついでにいえば、食事のマナーにも、育ってきた様子がそのまま出るものですね。移動教室で、みんなで食事をしているとき、椅子の上にあぐらをかき、ひじをついて食事をしている子どもがいて、あっけにとられたことがあります。

ことば

なまりは国の手形

なまりは、その人が生まれ育った地域の証拠になるということ。

お国なまりは、その土地ならではのものですから、なまりを聞けばすぐ出身地がわかる、ということでしょう。

ひと昔前までは、なまりは恥ずかしいものとされていましたが、最近は、方言を積極的に使うタレントがいたり、若者たちがSNSなどでわざと方言を使ったりして、方言のよさが見直されてきているようです。故郷ではぐくまれたお国なまりは、その人の個性の表現であり、誇りにしてほしいと思います。

教師も、標準語を大切にしながら、時には自分の故郷のお国なまりを子どもたちに披露して、子どもとのよい人間関係づくりにつなげていきたいですね。

ことば

たとえに嘘なし坊主に毛なし

ことわざがいうことには間違いがないということ。

「ことわざは正しい」「ことわざには真実が含まれている」ということを、直接あらわさずに、僧侶の髪の毛になぞらえたのは、いかにもことわざらしいといえます。子どもたちに教えたら、教室がどっと沸くこと間違いなしでしょう。

ことわざは、長い年月を越えて、多くの人々に使われ、世間の波にもまれながら、現代にまで生きのびてきた、言葉の文化財です。なんらかの真実がそこに含まれているからこそ、長い間使われてきたのです。

ことわざは、「たとえ」とか「たとえの節」と呼ばれることも多く、昔は「ことわざ」というときには、中国経由のややかたい表現のものを指すことが多かったようです。

漢 字

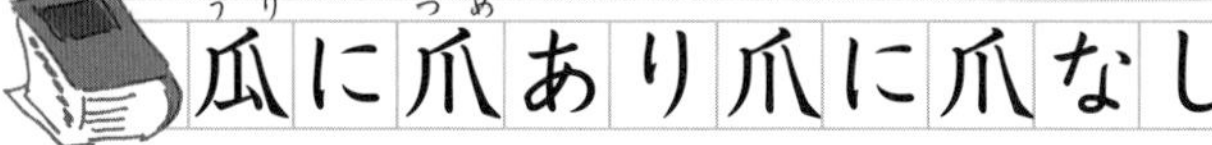

瓜(うり)に爪(つめ)あり爪に爪なし

意味 **「爪」の字には「つめ」（中央部のひっかけ）がなく、「つめ」のあるのは似ている「瓜」の字だということ。**

解説 字形が似ていて、少しのちがいで別の字になってしまう漢字は、少なくありません。そんな漢字を間違えずに使い分けるための言い回しです。このほかにも、「牛(うし)に角あり午(うま)に角なし」「戌(いぬ)に棒あり、戊(ぼう)に棒なし」などが知られています。リズミカルで覚えやすくなっていますね。

ところで、授業中に板書をしていて、「先生、その字は、はねるんだよ」と、子どもに注意されたことはありませんか。子どもはよく見ていますね。細かなこともおろそかにできません。

漢 字

一日一字を学べば三百六十字

意味 **日々、努力を重ねて学習すれば、きちんと身につくものだということ。**

解説 漢字の学習は子どもたちにとって大きな課題です。小学校６年間に学習する漢字は、現在、1006字あり、2020年からはさらに20字増えることになりました。なかなか大変なことです。

それでも、一日一字、年に360字ずつ覚えれば、六年間で2160字にもなります。「千里の道も一歩から」。地道な努力が肝心です。

漢字はもともと中国で生まれましたが、日本に伝わって以来、日本文化のなかに溶けこみ、日本文化の担い手となってきました。ぜひ、子どもたちに大切に教えていきたいものです。

関連 ・千里の道も一歩から

2時間目

MATHEMATICS

算数

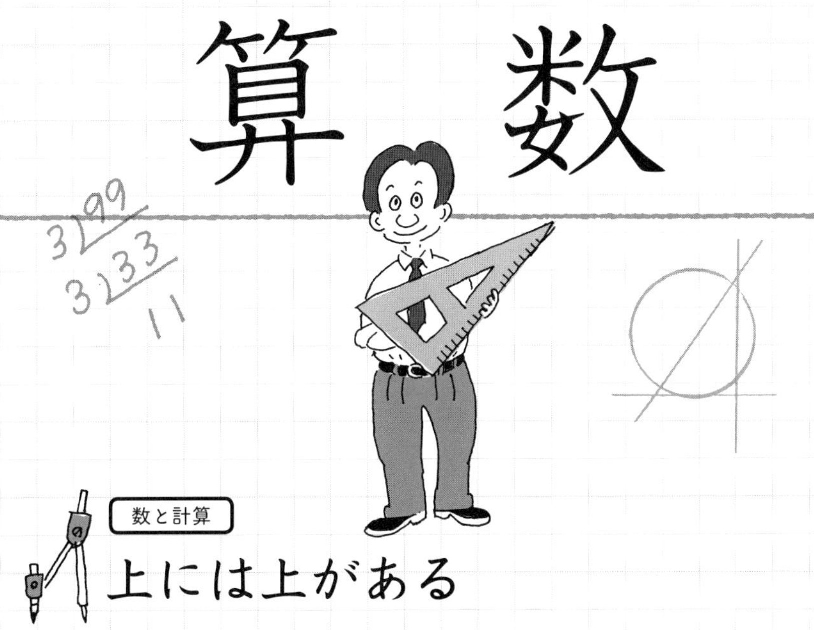

数と計算

上には上がある

意味 **最上と思われることにも、さらに上があるということ。**

解説 大きな数は、いったいどこまであるのでしょうか。

「万」の1万倍が「億」、その1万倍が「兆」、その1万倍が「京(けい)」です。その上は、「垓(がい)」、「秭(じょ)」、「穣(じょう)」「溝(こう)」「澗(かん)」「正(せい)」「載(さい)」「極(ごく)」「恒河沙(ごうがしゃ)」「阿僧祇(あそうぎ)」「那由他(なゆた)」「不可思議(ふかしぎ)」と続き、「無量大数(むりょうたいすう)」は10の68乗(一説に88乗)になります。これ以上ないほど大きな数に思えますが、この「無量大数」も、人が名付けた数詞にすぎません。さらにいくらでも多く「0」を並べることができます。

1より小さい数は、「分(ぶ)」「厘(りん)」「毛(もう)」「糸(し)」「忽(こつ)」…と続きます。これも、「0.00000…」と「0」をいくらでも並べることができます。「下には下がある」ものです。

数と計算

一を聞いて十を知る

意味 **ものごとの一端を聞いただけで、全体がわかること。**

解説 「一」は1つのことですが、「十」はその10倍というだけでなく、両手の指を開いた状態や、「十全」というように、完全、すべて、という意味もあらわします。そのことから、このことわざは、ある一部分を聞いただけで全部を理解するというように、理解が早いこと、聡明であることを述べるときに用いられます。もともとは、『論語』に出ていることばです。

現在、世界で広く使われている数の数え方は、十進法です。1が10個集まると次の位に繰り上がり、その10が10個集まると次の位に繰り上がる、という数え方ですね。そのことから、「一」から「十」になるとは、繰り上がる＝飛躍の意味もふくまれることになります。

十進法は、人間が指を使って数えているうちに、自然に生まれたのではないか、ともいわれます。コンピュータの世界で使われる二進法など、いろいろな数の数え方を紹介してもよいですね。

「日英諺合せ」(『初等英語』新年号付録、大正14年)

数と計算

コロンブスの卵

かんたんそうなことでも、最初に思いついて実行するのはむずかしいということ。

算数や数学の問題では、一見むずかしそうでも、ちょっとしたアイディアで容易に解くことができるものがあります。

1から10までの数を全部足すといくつになるでしょう。そのまま足し算をしていけば正解は出せます。しかし、1と10、2と9、3と8、4と7、5と6を足すと、それぞれ11となり、それが5つあるから55だ、と思いつけば、早く答えにたどり着けます。このアイディアは、1から100まで、1から1000まで、などと、どんどん広げられます。

「コロンブスの卵」体験が、算数好き・数学好きを育むことでしょう。

数と計算

朝三暮四

わずかな違いにとらわれ、結局同じであることがわからないこと。

中国の寓話で、猿に木の実を与えるとき、朝に三つ、暮れに四つやろうとしたら怒ったので、朝に四つ、暮れに三つにすると喜んだという故事がもとになっています。3＋4でも、4＋3でも、答えは7で、変わらないということに、猿は気づかなかったわけです。

では、結果が同じなら問題ないでしょうか。そうではない場合もあるのです。かけ算はどうでしょう。3×4も、4×3も、積は同じ12です。しかし、式の意味がちがいます。かけられる数は「1あたりの量」、かける数は「いくつぶん」をあらわします。つまり、3×4は「3が4つぶん」、4×3は「4が3つぶん」をあらわす式です。題意に合った式を立てていないと、答えだけ合っていても、全体として正しい解答とはいえません。

数と計算

にっちもさっちもいかぬ

意味 **どうにも身動きがとれず、ものごとが進展しないこと。**

解説　道路の渋滞に巻き込まれて、いつになったら抜け出せるかわからないとき、話し合いがこじれて結論が出そうもないときなど、「ああ、にっちもさっちもいかない」という場面は、いろいろありますね。

この表現は、そろばん用語を由来とする、めずらしいしいものです。「にっち」は「二進」、「さっち」は「三進」が変化したもので、二進は二割る二、三進は三割る三のこと。どちらも、割り切れて計算がうまくいきます。その否定形ですから、計算が立たず、金銭のやりくりがつかないということで、ものごとがうまくいかないことをあらわします。

関連 ・そろばんずく　・そろばんが合わない

数と計算

鶴は千年、亀は万年

意味 **鶴と亀の寿命が長いことから、長生きでめでたいこと。**

解説　人の平均寿命が百年におよばないというのに、むかしから鶴の寿命は千年、亀は万年と呼びならわしています。長命を願う人にとっては、鶴も亀もおめでたい動物です。

鶴と亀といえば、「つるかめ算」がよく知られています。鶴と亀の足の本数のちがいに着目して、合計の数を正しく鶴と亀の数に分けます。

さて、問題です。複数の鶴と亀が、「命のリレー」をしました。鶴は１千年、亀は１万年、寿命いっぱいに生きた後、生まれたばかりの次の選手にバトンタッチします。３万２千年たってリレーが終わりました。参加した鶴と亀の数は、合計 14 です。では、鶴は何羽、亀は何匹いたでしょうか。つるかめ算で解いてみましょう。

（答え＝　鶴が 12 羽、亀が２匹）

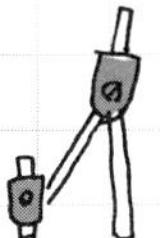

数と計算

鬼に金棒

もともと強い者が、さらに強力になること。

かけ算の九九は、四則計算の山場です。乗法の計算ばかりでなく、すぐ除法に使うことになり、九九を覚えないと乗法も除法もできません。さらに、倍数、約数から分数の通分、約分へとつながります。

加法や減法は、とうぜん基本となるものですが、その後の活用範囲の広がりを考えると、乗法が子どもの算数の力に、大きなレベルアップをもたらすことはまちがいありません。その乗法を身につけるために必須なのが、九九です。基礎的な計算の力がある子どもにとって、九九はその後の算数・数学の強力な武器となるでしょう。

大げさにいえば、九九を身につければ、こわいものなしです。「九九さえ覚えれば、鬼に金棒だよ」と励まし、なんとか覚えさせましょう。

明治期の薬の看板（木製）

数と計算

元も子もない

意味 **あとかたもないほどの損害をこうむること。**

解説　「元」は元金のことで、「子」は利子のことです。金融機関にお金（元金）を預けると、そのお金に利率（金利）をかけた、利子が生まれます。預けた者は、元金と利子を受け取ることができます。たとえ利子がなくなっても元金が残り、また、元金がなくなっても利子が残ります。

　ところが、元金も利子もなくなってしまったら、手元には何も残らず、大損害になります。再出発の元手もない、絶望的な状況です。

　利子の計算には、毎回元金に利率をかける「単利」と、一度計算した元金と利子の合計に利率をかける「複利」という計算方法があります。最近では、「マイナス金利」という方法もおこなわれていますね。

数と計算

速いに上手なし

意味 **手早くこなす人の仕事に、上手に仕上がっているものがないこと。**

解説　算数のテストにケアレスミスはつきものです。すごい速さで解答を終え、「先生できたよー」と見直しもせずに提出しようとする子どもに、伝えたいことわざです。

　ひととおり問題を解き終えたら、計算まちがいはないか、方法を変えて検算してみることが大切です。小数は、小数点をつける位置のちがいで位が変わってしまいますから、要注意です。また、答えには適切な単位をつけなければなりません。数字の書き方が乱暴で、あやまった計算をしてしまう、といった初歩的なミスもあるかもしれません。

　速く終わったのだから、時間の余裕があるはずです。もう一度見直しをすれば安心です。

図形

会うは別れの始め

出会った者どうしには、必ず別れのときがくるということ。

人の世は、出会えば必ず別れがあるものです。これを「会者定離」ともいいます。では、２本の直線はどうでしょうか。

２本の直線が並行であれば、どこまで延ばしても交わることはなく、ずっと離れて、分かれたままです。でも、並行ではない２本の直線は、延ばしていけば、必ずどこかで出会い、交わります。

その後どうなるでしょうか。出会って交わるのは、たった一度だけです。交わった後、２本の直線の間隔は少しずつ広がっていき、やがて、はるか遠くへと離れて、出会って交わることは永遠にありません。

並行でない２本の直線は、出会うのはたった一度だけで、二度と交わることはないのです。まさに「一期一会」ということです。

図形

横のものを縦にもしない

おっくうがって何もしないこと。

すぐ近くにあるのに手を出そうともせず、「このままでもいいや」と、めんどうくさがって何もしない人がいます。本当は縦に置くべきものが、横に倒れていても、縦に直そうともしない人です。

算数でも、そういう人は困り者です。合同な形や相似形を見つけるためには、図形を回転させて調べる必要があります。たとえ向きが反対でも、条件が整えば、合同や相似であることがわかります。横のものを縦にもしないようでは、図形の問題に取り組むことはできません。

ただし、教科書やプリントを実際に動かさなくても、頭の中で図形を回転したり移動したりすることができればよいのです。手を動かすよりも楽ではないでしょうか。

図形

月とすっぽん

似ても似つかない、大きくちがうもののこと。

すっぽんを真上から見ると、亀よりも甲羅が丸く、円に近い形をしています。そういう面では、月とすっぽんは形が似ていなくもないのです。ただ、ほかの角度から見ると、まるで形がちがうので、似ても似つかないということになります。美しい月と、泥にすむ生物というちがいも、まさに雲泥の差ですが。

立体をあらわすとき、真上から見た図や真横から見た図（投影図）を使うことがあります。四角錐（すい）と四角柱は、真上から見ると同じ正方形で区別はつきませんが、真横から見ると三角形と長方形というまったくちがう形だとわかります。立体の正しい形を知るには、一方から見るだけでは不十分なのです。

図形

瓜（うり）を二つに割ったよう

意味 **二つが同じもののように非常によく似ていること。**

解説 瓜を二つに切ったときの切り口は、もともとひとつのものだったのですから、合わせればピッタリと合わさります。大きさも形もまったく同じですから、切り口の面は合同の図形になっています。そして、切り口を左右に開いて並べれば、線対称の図形になります。線対称の図形は、家紋や自治体のマークなど、さまざまな所で使われています。デザインとして安定した、整った図形なので、いろいろと応用範囲が広いのです。

「瓜二つ」ということばも、同じことを意味しています。しかし、「瓜二つの人」といっても、なにもかもピッタリ同じという人は、いないでしょう。同じ顔を見たいなら、鏡を見るしかありません。

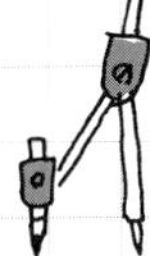

図形

針小棒大

意味 **ものごとを大げさにいうこと。**

解説 針のような小さなことを棒のようだという、大げさな表現のことを「針小棒大」といいます。たしかに、針と棒では大ちがいですが、では、まるで無関係でしょうか。

針と棒は大きさや太さはちがいますが、形は似ていて、おおむね、針を大きくした形が棒だといえるかもしれません。一方の図形を拡大したり縮小したりしたとき、もう一方の図形とピッタリ重ね合わせることができる2つの図形の関係を、相似といいます。針と棒は、大雑把に見れば、相似だといえないこともありません。

棒のように大げさになった話も、話の中身にもとの針の話の要素はあるのかもしれませんね。

量と測定

帯に短し たすきに長し

ものごとがどっちつかずで、役に立たないこと。

身長を km であらわしたり、山の高さを mm であらわしたりすることは、ふつうはありません。その長さや高さを思い浮かべることができなかったり、くらべるときに不便だったりするからです。

それぞれの長さや高さをあらわすには、適当な単位があります。メートル法で１m という長さが正確に決められていて、その 1000 倍に k（キロ）、1000 分の１に m（ミリ）がつきます。大変わかりやすいルールになっています。何を測るのか、何と何をくらべるのかをよく考えて、適切な単位を使うことが大切なのです。

また、測定する道具も、適切なものを選ぶことが大切です。校庭の大きさを測るには、ものさしでは短すぎますね。巻尺を使います。

量と測定

一升（いっしょう）入る壺（つぼ）には一升

物には用途があり限度があるので、なるようにしかならないということ。

一升は、むかしの単位で、約 1.8L（リットル）のことです。当然のことながら、一升入る壺には、一升ちょうどまでしか入りません。一升より一滴でも多く入れようとすると、あふれてしまいます。一升の壺には、一升の壺に合った内容量があり、無理をしてもしかたがありません。

さて、1L ＝ 10dL、という学習の際に、こんな実験をしてみましょう。1dL のマスにぎりぎり１杯ずつ水を汲んで、１L のマスにそっと入れていきます。最後に少しあふれるかも、という半信半疑の顔の目の前で、10 杯の水が 1L マスに一滴もあふれることなく、ピッタリと収まります。あたりまえのことなのですが、子どもたちの目に驚きや感動があらわれます。量の感覚を実際に目でたしかめてみることは、とても大事です。

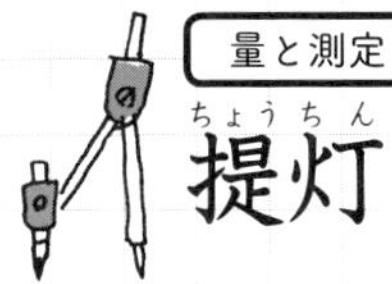

量と測定

提灯に釣鐘

ちょうちん　つりがね

意味▶ **釣り合わず、比べものにならないもののたとえ。**

解説▶ 提灯と釣鐘は、形はおおむね似ていますが、竹や紙でできている提灯と、鉄でできている釣鐘とでは、重さはまったくちがいます。重さは、面積や体積だけでは比較できません。てんびんやはかりを使う必要があります。

重さも、長さや面積などと同様に、メートル法で定義されています。1kgとは、1辺が10cmの立方体、つまり、1L（リットル）の水の重さのことです。それがもとになってg（グラム）やt（トン）の単位もつくられています。

1Lの水の重さは？　とたずねられても、測る必要はありません。1Lの水の重さは1kgだと決まっているからです。

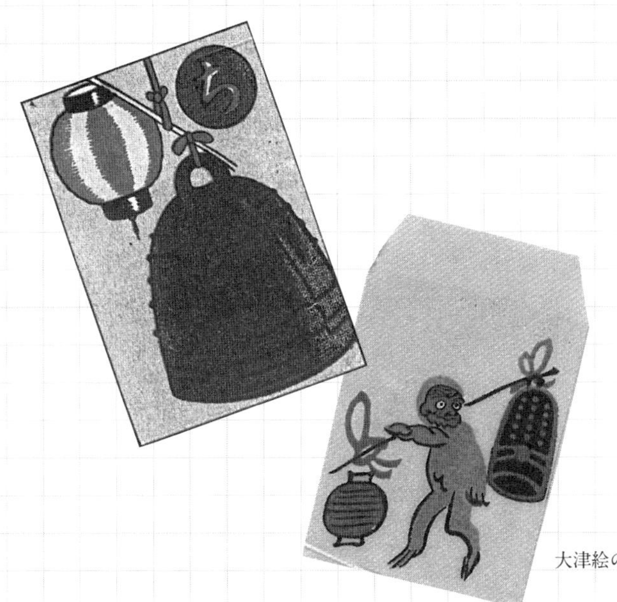

大津絵のポチ袋

量と測定

悪事千里を走る

悪しき評判やおこないは、すぐに世間に広まるということ。

評判やうわさ話は口から口へと伝わり、意外に速く広まっていきます。悪いことなら、人々の興味も加わって、なおさら速く遠くまで伝わっていきます。その距離を、このことわざでは千里としていますが、実際にはどのくらいの距離でしょうか。

メートル法であらわすと、千里は約 4000km になります。日本列島の端から端までが、およそ 3300km ですから、それよりも長いということですね。悪事の伝達力はものすごいものです。

ちなみに、「万里の長城」の「万里」は、約 4 万 km となります。このように、メートル以外の単位からメートル法の単位に換算できれば、いろいろとイメージがつかみやすくなりますね。

量と測定

舟盗人を徒歩（かち）で追う

方法が適切ではなく、無駄に苦労すること。

舟を乗り逃げした舟盗人を、陸づたいに徒歩で追いかけても、捕まえることができない、ということわざです。

しかし、舟が通っていく水路が細く、道に沿ってずっとつづいているとしたらどうでしょうか。盗人をあとから追いかけはじめても、追いかける人の足が速ければ追いつけます。出発の時間差と速度の差から、いつ追いつくかを計算する。これが、「旅人算」ですね。

では、問題です。舟盗人が分速 200m の速度で逃げていきます。10 分後、それに気づいた漁師が、全力疾走で追いかけはじめました。漁師が分速 250m で追いかけたら、何分後に追いつくでしょうか。

（答え＝40分後）

\INTER MISSION/ 中休み

危(あぶ)ないことは怪我(けが)のうち

意味 **危険なことはすでに怪我そのものなので、用心するべきだということ。**

解説 遊びには、授業とはちがい、自由があります。遊びのなかでは、自発的なルールが生まれ、共有されながら変化していきます。それが遊びの大きな魅力でもありますが、そこには危険もひそんでいます。

遊びがおもしろくて夢中になると、つい無茶をしてしまいます。少し無理することは能力の向上に欠かせませんが、「無事これ名馬」というように、怪我をしては名馬にはなれません。遊び時間を、子どもたちにとって、節度あるルールづくりの舞台にしたいものです。

関連 ・怪我と弁当は自分持ち　・君子危うきに近寄らず

健全(けんぜん)な精神(せいしん)は健全(けんぜん)な身体(しんたい)に宿(やど)る

意味 **身体がすこやかならば、心もすこやかになるということ。**

解説 体と心は、別々のものではありません。私たちは、体と心が一体となった、まとまりとして生きています。だから、心配ごとがあると体の調子がくずれ、体調が悪いと心が沈むのです。その逆で、楽しいことがあると体も調子がよくなり、体が元気だと気持ちも前向きになります。

健康な体のためには、休み時間には元気に遊びましょう。元気に遊んで心が快活になると、体も健康に育っていきます。

このことわざは、古代ローマの詩人、ユウェナリスの「人は神様に、健全な身体に宿った健全な精神を与えられるよう祈るべきだ」ということばがもとになっています。

3時間目

P.E.

体育

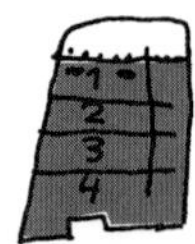

陸上運動

先んずれば人を制す

意味 **人より先に行動した者が、有利になるということ。**

解説 徒競走で、スタートと同時に猛然とダッシュし、2位以下に圧倒的な差をつけてゴールテープを切る。このように、走るのが速い子どもの様子をあらわすのに、ぴったりのことわざです。「先手必勝」「先行逃げ切り」ということばもありますね。

なにごとも、はじめが肝心。スタートの時点で他をリードすることができれば、戦いを有利にすすめることができます。サッカーなどの球技においても、先取点が有利にはたらくことは周知のとおりです。

それはまた、「ウサギとカメ」の逸話からもわかるように、「終わりよければすべてよし」という目的に合ったダッシュでなくてはなりません。授業では、慢心したり疲れ切ったりしないための配慮も必要です。

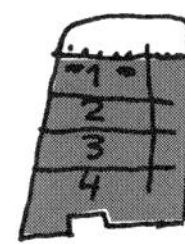

陸上運動

後の雁が先になる

先を行く人を後の人が追い越すこと。

雁は、集団で飛ぶ際にはいくつかの飛行隊形が見られ、後ろを飛んでいる雁が先頭に出ることもあります。そんな様子から生まれたことわざだと思われます。

徒競走で、スタートで出遅れた子どもが、後半にはのびやかに走りきって、逆転したときなどに使えます。下級生が上級生より強くなったとき、権力・地位・財産などについて後輩が先輩を追い越したとき、年少者が年長者より先に亡くなった場合などにも用いることができます。

このように、団体スポーツやクラス内の友達どうしの力関係など、グループダイナミクス（集団力学、社会力学）としてのクラス経営にも、広く援用できることわざです。

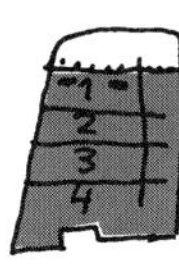

陸上運動

百里の道は九十九里を半ばとす

ものごとを成しとげるには最後まで気を引き締めよということ。

中・長距離走では、それまで好調に走ってきた人が、最後の最後になって息切れし、大きく順位を下げてしまうことがよくあります。長丁場の仕事では、あと少しのところまできたからといって気を抜かず、「まだ半分」というくらいの気持ちで取り組みなさい、ということわざです。「百里」は約393kmで、長い道のりを象徴的にあらわしています。マラソンレースの物理的な距離の半分は、心理的な半分や生理的な半分とは異なります。「30キロからがマラソン」「固まってからがマラソン」ともいわれます。なにごとにも通じる味わい深いことわざです。

・勝負は下駄を履くまでわからない

器械運動

三度目の正直

二度失敗したとしても、三度目にうまくいくこともあるということ。

鉄棒で、逆上がりがうまくできなくてあきらめてしまう子どもを、励ますときなどに使えることわざです。ここでの「正直」は成功や勝利を意味していますが、「三度目」はたとえで、実際には数えきれないほどの失敗を肥やしにして、成功という花が開くことが多いものと思われます。

剣豪の宮本武蔵は、「千日の稽古（けいこ）を鍛（たん）とし、万日の稽古を錬（れん）とす」と述べています（『五輪書』）。三度目などは回数のうちに入っていないのかもしれません。「継続は力なり」の意味が実感できるよう、あきらめない心を育みたいものです。

・失敗は成功の母　・二度あることは三度ある

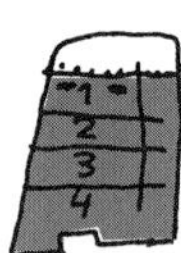

器械運動

豚もおだてりゃ木に登る

おだてられると、いつもはできないことができてしまうということ。

さすがに、はん登（とう）棒に取り組む児童の前で口にすることはできませんが、褒めて育てることの大切さを鋭く突いたことわざです。「できない」とあきらめそうになっている子どもを励まし、途中までしか登れなくても取り組んできた心の姿勢を褒め、自信をもたせることが大切です。

この句には「河童もけなせばおぼれ死ぬ」という続きがあります。泳ぎ上手の河童でも、否定的なことばを聞かされつづけると、力が発揮できなくなってしまうというたとえです。「三つ叱って五つ褒め、七つ教えて子は育つ」も、あわせて心に刻んでおくことを推奨します。

・猿も木から落ちる　・河童の川流れ

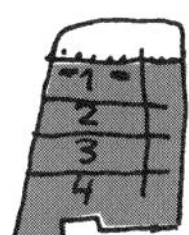

組体操

縁の下の力持ち

人に知られることなく他者を支える努力をすること、またはその人。

古くは無駄に努力するという別の意味もありました。現在では人知れず努力する人や、その努力を評価するものに変わっています。
このことわざの精神は、世間の仕組みにも広く生かされていますが、体育の場面では組体操（組立体操）との相性がもっともよさそうです。その理由は、土台になる人がしっかりと支えることで、上の人が堂々と演技できるのだという特性をもつ組体操は、イメージを描きやすく体験上も納得できるからです。

かつては集団演技の花形だった組体操ですが、危険性が指摘されて以降は縮小される傾向にあります。安全管理を徹底して、安心して取り組むためにも、このことわざの活用が期待されます。

球技・ゲーム

頭が動けば尾も動く

意味 **上に立つ人が率先して行動すれば、下の人も同じように動くということ。**

解説 頭とはリーダーのこと。スポーツチームでいえば、監督やコーチ、あるいはキャプテンなどを指します。頭になる人が軸となる方針を示して行動すれば、チーム力はアップしますが、軸がブレてふらついていると、チーム全体が不安定になってよい結果は得られません。上級生やチームリーダーに向けたいましめにもなることわざです。

ちなみに、ゴルフでは「頭を動かさないように」という指導を受けることがあります。頭が安定すれば身体の軸が決まり、クラブヘッドの軌跡も安定するのです。頭を動かしながら歩いてみるとわかりますよ。

関連 ・率先垂範

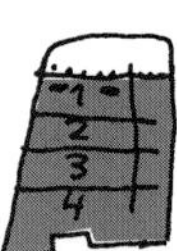

球技・ゲーム

練習で泣いて試合で笑え

意味 **厳しい練習を経てこそ、試合で勝つことができるということ。**

解説 スポーツでも笑顔の大切さが認識されるようになってきました。「泣く」と「笑う」を対比したこのことわざは、厳しい練習があってこそ、勝ったときの喜びは大きい、ということを表現しています。

心技体を鍛えなければ試合で勝つことはできませんが、厳しい練習自体が目的ではありません。スポーツができることに感謝し、試合に勝つ喜びを味わい、人生を豊かにすることが大切なのです。このことが納得できた子どもは、練習だけではなく勉強に対しても、にこやかに自主性をもって取り組むことができるようになります。

関連 ・最後に笑うものが最もよく笑う

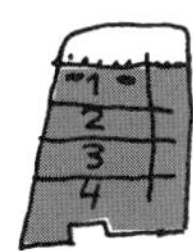

球技・ゲーム

備えあれば憂いなし

日ごろから準備しておけば、何が起こっても心配無用だということ。

防災や日常生活の心がまえを説くときに活用されることが多いことわざです。体育では、「普段からしっかり練習しておけば、運動会などの本番には自信をもって臨むことができるよ」ということを伝える場面に援用できます。

何事にも動じない心を不動心といいますが、凡人がその境地に達するには一生かけても無理かもしれません。だからこそ、日ごろから何が起こっても大丈夫だという自信を身につけるために練習するのです。勝利と敗北、笑顔と涙の分水嶺は、この「備え」にあるといってよいでしょう。

・転ばぬ先の杖　・細工は流々仕上げを御覧(ごろう)じろ

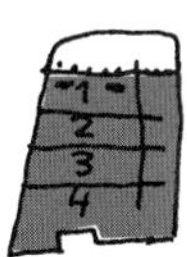

球技・ゲーム

彼を知り己を知れば 百戦して殆(あや)うからず

戦うときには、相手と自分の力を知っておくことが大切だということ。

現代は情報の時代です。相手チームについての情報を集め、分析し、対策を練っておけば、試合を有利に進めることができます。多くの情報をもとに広い視野をもてば、練習するための目的意識が明確になり、より高い結果が得られます。

もちろん、相手や自分の戦力を知ったからといって、必ずしも勝てるわけではなく、深く考えなくても勝てることもあります。しかし、情報を制する者が、ものごとを有利に進められることはたしかです。もとは『孫子』にあることばで、「彼を知らずして己を知れば、一勝一負(いっしょういっぷ)す。彼を知らず己を知らざれば、戦う毎に必ず殆し」と続きます。「彼我洞察」の重要性は、将来においても変わることはないはずです。

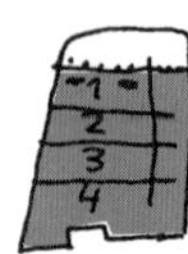

球技・ゲーム

習うより慣れよ

意味 **教えてもらうより、反復練習して慣れるほうが大切だということ。**

解説 野球には「1000本ノック」ということばがあります。「1000」は記憶に残りやすくするための数字ですが、これぐらいの覚悟をもって練習すれば、教えてもらったこと以上に、自分にふさわしい合理的な動きが身につく、ということです。

慣れてきたら運動の質（スピード）を上げましょう。そしてそのレベルに慣れるまで練習をくり返しながら、少しずつ運動量（反復回数）を増します。創意工夫を凝らしながらねばり強く練習するという上達の秘訣は、スポーツだけでなく万事に通じています。

関連 ・畑水練　・畳の上の水練

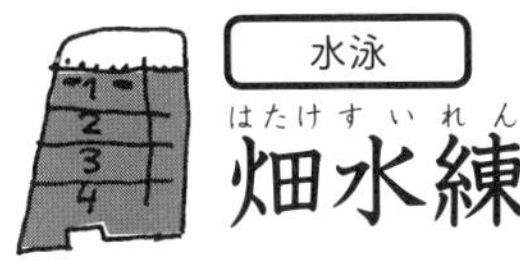

水泳

はたけすいれん

畑水練

意味　**実際の役には立たない、不適切な考え方や練習のこと。**

解説　水練とは水泳の練習ことです。畑で水泳の練習をしても無意味で役に立ちません。もちろん、基礎的な体力づくりならば、畑でもできるでしょう。しかし、泳形や泳法を学ぶには、やはり水に入り、手足を動かして、浮かぶ感覚や水をとらえる要領を覚えるのがいちばんです。

なにかを習得するとき、合理的な方法を選ぶことが大切です。俗に「三む」といわれる、無理、無駄、ムラを省けば、練習成果もぐんと上がります。ときには練習方法を見つめ直し、マンネリ化して目的を見失っていないか、練習のための練習に陥っていないかと振り返ってみましょう。

関連　・畳の上の水練

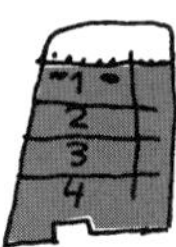

水泳

河童に水練

意味　**ある分野に優れた人に同じことを教えるのは、無意味だということ。**

解説　河童は川にすむ妖怪のことです。泳ぎに長けていますので、泳ぎがうまい子どもを「河童」にたとえて呼ぶことがあります。

今では、学校で水泳指導を受ける前に、スイミングスクールなどでかなりの泳力を身につけている子どももいることでしょう。ですから、「河童に水練だな」と自嘲しながら、それでも生徒の成長のために、指導をしなければならない先生もおられることと思います。

「河童に水練」の状況下においても、「河童の川流れということわざもあるぞ」と、笑顔で慢心をたしなめることも教師の大切なつとめです。

関連　・河童の川流れ　・釈迦に説法

武道

柔よく剛を制す

意味 **弱そうに見える人が、強そうな人を負かすこと。**

解説 出典は中国の古代の兵書『三略』で、多くは合気道や柔道などの格技において使われます。力勝負、真っ向勝負ではかなわない相手には、「押してもだめなら引いてみな」で臨むのが得策です。

呼吸をはかり、タイミングをずらし、体をかわして泳がすなど、相手の力を逆利用すれば、非力な者であっても戦いを有利に運ぶことができます。スポーツの世界は知恵くらべの場でもあります。ですから、ふだんの練習においても柔軟性を高め、バランス、リズム、タイミングといった調整力（力の上手な使い方）を研いておくことが大切です。

・柳に風　・柳に雪折れなし

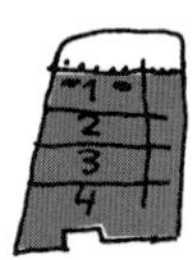

武道

ひとり相撲

意味 **相手とは無関係に気負って行動すること。**

解説 姿の見えない神様を相手にして相撲をとることが語源。本来、相撲は神事で、神様が２勝１敗で勝ち越すと豊作とされ、それを祈って演じられてきました。毎年旧暦の５月５日に開催されてきた大山祇（おおやまづみ）神社（愛媛県大三島町）の御田植祭（おたうえまつり）では、見えない神様を相手に一人角力（ひとりすもう）をとる姿が、見物客の笑いを誘っています。

現在では、人の言うことを聞かず、自分の立場を顧みない、独りよがりの言動を指します。チームメイトと呼吸を合わせることが大切な団体競技はもちろん、個人競技であっても、仲間たちやコーチ（先生）との関係の中でスポーツは成り立っています。指導者はもとより、子どもたちもひとり相撲に陥らないように配慮したいものです。

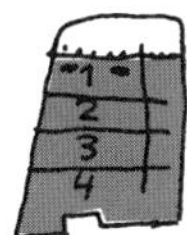

武道

相撲に勝って勝負に負ける

意味 **相撲内容では勝っていても、勝負どころで逆転されてしまうこと。**

解説 相撲界には「押さば押せ引かば押せ」とうことわざがあります。これは、押されても引かれても前に出ることが強くなる秘訣である、という基本中の基本となる教えです。

しかし、勝負ごとはどこに落とし穴がひそんでいるかわかりません。勢いあまった「勇み足」、術中にはまった「はたき込み」、甘い詰めによる「うっちゃり」など、無念の敗退もありますのでご用心。このような事例から、途中まではうまく運んでいても、最後に失敗してしまうというたとえとしても使われています。

関連 ・試合に勝って勝負に負ける

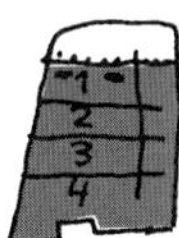

保健

風邪は万病のもと

意味 **風邪はあらゆる病気のもとになるので、軽くみてはいけないということ。**

解説 風邪には、細菌によるものとウイルスによるものがあります。細菌やウイルスが鼻やのどの粘膜を侵して鼻風邪やのど風邪になります。そこで増殖した細菌やウイルスは、気管支から肺に、胃から腸に移動し、新たに炎症を起こし、さらに身体中にまわって心臓や腎臓、時には耳、まれに脳にまでいたることもあります。各臓器や器官の炎症をほうっておくと、時には命を落とす病にもつながってしまいます。

まず、手洗いやうがいを励行し、風邪を予防しましょう。また、免疫機能がしっかりはたらくよう、体を鍛えることも忘れてはなりません。

関連 ・風邪は百病の長

保健

案ずるより産むが易し

意味 **心配するよりも、やってみると意外と容易なものだということ。**

解説 「案ずる」は心配すること、「産む」は出産のこと。昔も今も、赤ちゃんが無事に生まれるまで、期待が大きければ大きいほど心配も大きくなります。しかし、無事に生まれてみると、それまでの心配はなかったかのように喜びに包まれます。

文字どおり、出産を前にした女性や近親者を元気づけることわざです。転じて、取りこし苦労せずに今できることから行動を起こせば、展望が開けるものだという教えでもあります。挑戦のチャンスを前に、尻込みをしている生徒を励ますことわざとしても意味があります。

関連 ・言うは易く行うは難し

保健

寝る子は育つ

意味 **よく寝る子どもは、よく育つということ。**

解説 睡眠は、脳、筋肉、内臓を休ませ、疲労から回復するために必要です。一般的には7時間程度の睡眠をとることが望ましいといわれていますが、年齢や個人によって必要な睡眠時間は異なります。眠る時間が足りないと、体や脳に疲労やストレスがたまり、さまざまな病気の原因や誘因にもなりかねません。

特に、子どもは睡眠中に成長するので、夜ふかしは禁物です。逆に、寝過ぎても生活リズムが乱れ、体調を崩しかねません。休日の朝寝坊はほどほどにして、規則正しい生活を心がけたいですね。

関連 ・寝る子は息災

4時間目

SOCIAL STUDIES

社会

地理

住めば都

たとえ不便でも、住み慣れればよい土地だと思うようになるということ。

都は、帝の住まう所で、古くから国の中心であり、優れた人や文物が集まり、高い文化と発達した産業に恵まれていました。都は、人々のあこがれの場所だったのです。

しかし、都からはるか遠く離れた地域に住む人々は、都に行くこともできません。その土地に長い間住みつづけることで、風物、行事、文化、生活、人々などに慣れ親しみ、愛着をもつようになります。華やかさでは劣っても、都に劣らない、かけがえない土地だと感じるのです。

転校生は、初め、学校の雰囲気や決まり、さまざまな文化のちがいにとまどうものです。しかし、慣れていけばそこが自分にとっての「都」になるでしょう。クラス替えや進学時などにも使えることわざです。

地理

江戸は武家、京は出家、大阪は町人

江戸、京都、大阪の特色を、職業によって表現したことば。

「江戸は武家」とは、武士中心の土地で政治の中心、ということです。参勤交代により全国の武士が集まり、多くの大名屋敷がありました。

「京は出家」とは、平安時代以来の古い歴史をもち、多くの寺院があり、僧侶が多い土地ということです。

大阪は、米をはじめとした全国の物資の集散地として、商業が高度に発達しました。たくさんの商店が軒を連ねた、商人・町人の街、という意味合いが「大阪は町人」と表現されています。

日本の三大都市の都市の特色を端的にまとめたことわざです。

・将軍のおひざ元（江戸）　・天下の台所（大阪）

地理

山は富士、滝は那智（なち）、橋は錦帯（きんたい）

山は富士山、滝は那智の滝、橋は錦帯橋がもっとも有名だということ。

富士山は、その秀麗な姿や高さはもちろん、信仰の対象として広く知られ、日本一の山として他の追随を許しません。

和歌山県の那智の滝は、その美しさもさることながら、古くから厚い信仰を受けて広く知られています。

山口県の錦帯橋は、半円をつなげたような独特の形で名高い橋です。

山も滝も橋も、全国に無数にあり、それぞれの土地では自慢のものがあるでしょう。その中でも特に選りすぐりのものをまとめた表現です。

ここから広げて、三名山、三名瀑、三名橋を紹介し、三大河川、日本三景、三大湖などなど、さまざまな名所・名跡・名物にも関心を広げて、地理的な関心・意欲をはぐくむことも考えられるでしょう。

歴史

千里同風

意味　**千里も離れた家にも同じ風が吹くことから、太平の世のたとえ。**

解説　古代ローマ帝国では、帝国内のどの植民都市にも、集会施設や劇場、闘技場、公衆浴場などが設けられ、それに伴う大規模な水道設備も建設されました。これにより、広い帝国内のどの都市の住民も、首都ローマと同様の恩恵を受けて生活することができ、長い間の平和で安定した治世をもたらしました。これを、18世紀イギリスの歴史家ギボンは「パクス・ロマーナ」（ローマの平和）と評しました。

クラスのなかでは、どの児童・生徒に対しても、分けへだてなく心を傾け、気配りを心がけたいものですね。それが、教師と子どもの信頼関係につながり、結果として、クラスがまとまっていくことになります。

歴史

とかく浮世は、ままならぬ

意味　**世の中は、自分の思うようにはいかないということ。**

解説　織田信長は、勢いに乗って天下統一を目前にしていましたが、明智光秀の突然の謀叛にあって、望みを果たせませんでした。

あとにつづいた豊臣秀吉は、全国の武将をしたがえて、天下統一をなしとげ、刀狩りと検地で権力を固め、関白・太政大臣という、人臣として最高の位に就きました。この世のすべてが思いのまま、という権勢でしたが、嫡子の秀頼が生まれたのは晩年で、安心して任せられる跡継ぎを得ることは、秀吉の思いどおりにはなりませんでした。

学校や家庭生活でも、すべてが思いのままになるということはありません。病気や事故、災害、人間関係のトラブルなど、予期せぬことがいつも起こり得る、という心がまえが大切です。

歴史

鳴かぬなら鳴かしてみようホトトギス

意味 **問題があっても、智恵を働かせて解決することのたとえ。**

解説 　たとえ鳴かないホトトギスがいても、何か方法を考えて鳴かせてみようという意味の句で、豊臣秀吉の作だとされています。ほかに、「鳴かぬなら殺してしまえホトトギス」が織田信長の作、「鳴かぬなら鳴くまで待とうホトトギス」が徳川家康の作という話になっていますが、三人が顔を合わせて作ったということではないでしょう。

　信長の非情果断、秀吉の知恵者ぶり、家康の忍耐強さという、三人三様の性格やそれぞれの生涯をよくあらわしていることから、三人の句として定着したものです。

　子どもたちの人物評に当てはめて、「君は、……だね」と使ったり、パロディーを作らせたりしても楽しいですね。

歴史

他人の飯は身の薬

意味 **他人のもとで働くことは、やがて自分にとって役に立つということ。**

解説 　徳川家康は、少年期に今川氏の人質となり、つらい生活を送りました。しかし、その体験が、戦国時代をねばり強く生き延び、勝ち残るうえで、おおいに役立ったことでしょう。

　江戸時代には、少年時代に商人や職人の店に住みこんで働く、奉公という慣行がありました。明治時代以降も、初等教育を終えて進学しない者は奉公に出ました。職業上の技能の習得だけでなく、その生活体験自体が、人間としての成長の糧となったのです。

　学校の宿泊行事も、親もとから離れた生活体験をする貴重な機会です。

関連 ・若い時の苦労は買ってもせよ　・艱難汝（かんなんなんじ）を玉にす

歴史

損して得取れ

意味 **たとえ一時的に損をしても、あとで大きな利益を得ればよいということ。**

解説 豊臣秀吉は、小田原攻めで北条氏を滅ぼすと、平定した関東に徳川家康を移封しました。当時の関東地方は、政治文化の中心地である近畿地方から遠く離れた田舎であり、そのような僻地を与えられた家康は損をした、と思われていました。

しかし、あえてその損を受け入れた家康は、江戸に拠点を移し、大名の中で最大の石高である領地の経営に力を注いで、実力をたくわえていきました。やがて、そのたくわえた力をもって秀吉亡き後の天下を治めることになった、というわけです。

遊びをがまんして、つらい勉強や部活動の練習などをがんばっている生徒に教えたいことわざです。地道な努力がいつかは報われることを伝え、目先にとらわれず、先々も見通した考えを養いたいものです。

歴史

逃げ逃げ天下とる家康

意味 **逃げることも、最後に勝利を得るための手段であるということ。**

解説 徳川家康は、三方ヶ原の戦いで武田信玄に完敗し、馬を駆って必死に浜松城へ逃げ込みました。本能寺の変においては、わずかな家臣とともに、堺から困難な伊賀越えをして海路で自領の三河へもどりました。また、大坂夏の陣では、真田信繁（幸村）の猛追に馬標を伏せて逃走し、九死に一生を得たといいます。

逃げるのは卑怯だと思われ、恥ずかしいことです。しかし、家康がこの中の一度でも逃げずに無謀な戦いをしていたならば、後の徳川幕府の成立や江戸時代の安泰の歴史は存在しなかったでしょう。

状況を正しく判断し、しっかりと将来を見通して行動することによって、最後に目的に達することが大切なのです。

歴史

士族の商法

意味 **不慣れな商売をして失敗すること。**

解説 士族は、明治維新後の華族・士族・平民という身分制度の一つで、江戸時代の一般の武士階級の出身者が士族となりました。廃藩置県によって大量に出現した士族は、定まった収入源を失い、藩の解体の際に手にした一時金を元手に新しい生活を始めることになりました。日々の現金収入に目をつけて、店を開いた士族が大勢いましたが、失敗することが多かったようです。武家の作法は商店の経営には通じず、やりくりがうまくいかなくなったり、だまされたりする人もいたようです。

現代でも、ベンチャービジネスの成功者などをうらやんで、真似をしてもうまくいくとはかぎりません。性格、経験、資金、人脈など、いろいろな条件を考えたうえで実行に移すことが大事なのでしょう。

歴史

三年の飢饉にあうとも、一度の戦いにあうな

飢饉も悲惨であるが、戦争はもっとも悲惨であるということ。

江戸時代には、寛永、享保、天明、天保の四つの大飢饉がありました。大雨、洪水、冷夏などの異常気象、虫害、火山噴火など、原因はさまざまでしたが、多くの人々が餓死し、百姓一揆の引き金ともなりました。

そのような悲惨な飢饉が三年続くよりも、一度の戦争のほうがさらにひどい、というのがこのことわざです。土地が荒れることは飢饉と同じですが、住居を破壊され、耕す土地を失ったうえに、働き手が兵士として駆り出され、傷つき、帰らないこともあります。精神的にも追いつめられ、生活を再建しようという希望も失われてしまうのです。

第二次世界大戦後、日本が平和主義を掲げて再出発したことには、このような戦争の悲惨さに対する認識があります。

公民

向こう三軒両隣

ふだんからつきあいの欠かせない、となり近所のこと。

自分の家の左右に接する両隣の二軒、道をはさんで向かいあう家、向かいあう家の両隣を合わせた、五軒のこと。近所づきあいの基本的で最小の範囲を意味します。引っ越しのあいさつなどでは、この五軒を外さなければ、ひとまず礼を失することはないとされています。また、冠婚葬祭などのときには、おたがいに手伝いをしあう関係でもあります。

もともとは、江戸の町の長屋のような、家の立てこんだ地域でいわれていたもので、今日の近所づきあいでも使われることばです。

学校でいえば、「班」に当たるかもしれませんね。おたがいに、時に気を使いあい、時に協力しあう仲間です。小さいながら共同体＝コミュニティの一種であり、公共意識を育む原点といえるかもしれません。

公民

郷に入りては郷に従え

意味 **その土地で暮らすには、その土地の習慣に従うべきだということ。**

解説 ごみの収集は、分別方法や収集日などが自治体によってさまざまです。その自治体のルールを知り、それに従わなければ、地域社会の住民として、うまくやってはいけません。ごみ収集に限らず、その地域のルールにはひとまず従うことが大事です。

郷とは、村をいくつか集めた地域のことです。それぞれの土地には、受け継がれてきた習慣、しきたりがあります。ほかの地域から移ってきた人も、まず、移った先のルールに沿って生活することが大切です。あくまで我を通そうとすれば、ほかの住民と摩擦が生じてしまいます。その土地の習慣に従って生活し、周囲の人々の信頼を得てはじめて、その土地に溶け込むことができるのです。

公民

民の声は神の声

意味 **人々の声こそ神の意志であり、真理は世論にあるということ。**

解説 古く、政治を動かしたのは「神の声」でした。それを聞くことができるのは預言者や聖人などに限られ、彼らが実質的な権力者として民衆を導いていたのです。西欧における王の権威も、「神」に支えられていました。しかし、フランス革命の時代には、多くの新聞が作られ、そこに民衆の声が結集して世論となり、ついには王権を倒してしまいました。

今日の日本国憲法では、国民主権がうたわれ、国民の意思によって政治がおこなわれることになっています。選挙や世論調査などが「民の声」を聞くための媒体になっているのです。

18歳から選挙権が得られる今日、選挙で投票することの大切さを、子どもたちにきちんと伝えたいものです。

公民

朝令暮改

一度言ったことや決めたことがすぐに変更され、当てにならないこと。

担任の先生が「席替えをしよう」と提案し、みなでくじ引きをして新しい席を決めたとしましょう。決まった後、先生が「なんだかバランスが悪いから、やっぱりやり直そう」なんて言い出したら、先生は信頼を失ってしまいます。

朝に出された命令が、その日の暮れに改められるようでは、命令を出した者はとうてい信頼されません。今日の民主主義社会では、権力者が身勝手に命令を出したり引っ込めたりできないよう、国会というしくみや裁判の制度が整っています。

関連・朝題目に昼念仏　・君子に二言なし

公民

念仏申すより田を作れ

体を動かして労働することが、願いごとを唱えるより大切だということ。

「田を作る」とは、自分の体を使って働くこと。「念仏申す」とは、極楽浄土に往生できるように願うことです。僧侶ならば念仏を唱えて喜捨にあずかることもできますが、ふつうの人は、生活のためには働いて収入を得なければなりません。

現代社会では、頭脳労働が幅をきかせていますが、かつては額に汗して働くことが、生活の基盤でした。もちろん、頭脳労働でも、その本質は変わりません。

クラスで力を合わせて何かをしようというときも、理屈ばかりこねて行動がともなわない人より、自ら進んで体を動かす人のほうが、みなから信頼されるでしょう。

公民

売り物には花を飾れ

意味 **売り物は、体裁を整えて、見映えをよくすることが大事だということ。**

解説 商品は、並べておけば自然と売れるというものではありません。消費者の購買意欲をさそうように、商品をよりよく見せる工夫をこらし、ほかの商品よりすぐれていることをアピールする必要があります。

これは、オリンピックの招致運動にも当てはまります。2020年の東京オリンピック実現の背景には、工夫されたプレゼンテーション、練り上げられた映像などの効果も大きかったのでしょう。ただ、売り物の花飾りも、いつわりや誇張が過ぎると、禍根を残します。オリンピック会場をめぐる混乱の背景にも、それがあったかもしれませんね。

入試の面接における自己PRなども、花飾りのアピール力と、花飾りにふさわしい中身の充実とが必要とされるのでしょう。

『大阪滑稽新聞』

『滑稽新聞』

公民

稼ぐに追いつく貧乏なし

一生懸命に働けば、貧乏で困ることはないということ。

生活のための収入を得るには、働いて稼がなければなりません。ただ、働く意欲をなくしてしまうと、収入そのものがなくなり、貧乏から抜け出すことがきわめてむずかしくなります。

意欲をもって一生懸命働きつづければ、よい人間関係が構築できたり充実感を覚えたりするなど、収入以外にも無形の価値が得られます。何よりも、貧乏から抜け出せる希望の芽が育まれるのです。

働くことは、人間本来の姿であることはまちがいないでしょう。格差社会や子どもの貧困などが問題となっている今日、働いても、必ずしもみなが裕福になれるとはかぎらないのも現実。それでも、働くことが希望につながるということを、子どもたちに伝えたいものです。

公民

捨てる神あれば助ける神あり

自分をのけ者にする人がいる一方、助けてくれる人もいるということ。

2014年にノーベル物理学賞を受賞した中村修二さんは、当初日本の企業に勤め、青色発光ダイオードの実用化につながる新製法の開発に成功しました。しかし、その功績に対する待遇などが十分満足できるものではなかったため、退社してアメリカに渡り、カリフォルニア大学の教授として活躍しているとき、ノーベル賞を受賞したのです。

グローバル時代、活躍の舞台は世界に広がっています。広く世界に目を向け、自分の能力を生かせるチャンスを探すことも大切です。

学校でも、努力しているのに活躍のチャンスが得られず、不服そうな生徒がいたら、「必ず、あなたの力を認めてくれる人がいるよ。その時のために努力して力をたくわえおこう」と励ましたいものです。

空腹がいちばんのソース

意味 **空腹のときに食べるものは、すべてがおいしく感じるということ。**

解説 4時間目も終わりに近づくと、子どもたちは気もそぞろになり、時計の針を目で追っていたりします。待ちに待った給食は、なんとおいしく感じることでしょう。また、運動会で一生懸命体を動かした後や、遠足で山道を歩いた後の、お弁当のおいしさは格別です。空腹のときは、なにを食べてもおいしく感じるものですね。

逆にいえば、おいしく食べるためには、お腹をすかせておく必要があります。体を動かしたり頭を使ったりすれば、エネルギーを消費し、お腹もすいてきます。時計を気にせず、授業に集中することも大事ですね。

英語のことわざ Hunger is the best sauce がもとになっています。

五穀は民の汗

意味 **国を支えているのは、たゆまぬ国民の労働であるということ。**

解説 五穀とは、米、麦、粟(あわ)、黍(きび)、豆の五種類の穀物のことで、穀物の総称でもあります。祭りのとき、神社には、豊作を祈願して「五穀豊穣」の幟(のぼり)が立ちます。

米をはじめとする穀物は、土地を耕して水を引き、種をまいて育てて収穫するという、きびしい労働によって得られるものです。国を支えるのは人々の労働であり、五穀はその汗の結晶なのです。

給食のとき、その食事の材料を生産した人々、流通・運搬にかかわった人々、調理した人々などの労働の価値を、考えさせたいものです。そのために、このことわざを紹介してはいかがでしょうか。

5時間目

ART

図工

基礎

学者と大木にわかにできぬ

意味 立派なことをするには、しっかりした基礎がいるということ。

解説　ゆたかな学識をもつ、世間から学者と呼ばれる人は、長いあいだの努力や経験の蓄積があります。大きく育っている木も、はじめは一粒の種で、成長するためには長い年月が必要です。学者も大木も、一朝一夕にできあがるものではありません。

多くの画家は、作品の制作以外にも、草花や動物、風景などのスケッチをして、たくさんの画帳を残しています。そのようにして日常的に養われた眼が、作品に生かされているのです。

子どもたちが一足飛びに高い技能を発揮することは、ほとんどありません。発達段階に応じた指導によって、ひとつひとつの技能を習得していき、高い段階に達することができるのです。

基礎

過ぎたるは及ばざるがごとし

程度が過ぎるのは、足りないのと同じで、よくないということ。

新聞や雑誌の似顔絵を見ると、本当に本人そっくりで、どうしてこんなに上手に描けるのかと感心してしまいます。

しかし、似顔絵は、本物そのままではありません。その人の特徴をとらえたうえで、それをうんと誇張して描いているのです。似顔絵と写真を並べたら、まるでちがっていることに気づくでしょう。似顔絵は、肖像画として上出来なものとはいえないのです。

子どもに人の顔の写生などをさせると、マンガの影響でしょうか、かわいくしようとして目を極端に大きく描くなど、誇張しすぎた表現になってしまうことがあります。対象をよく観察してそっくりに描くという、デッサンの基礎を身につけることができるよう、注意が必要です。

道具

杓子（しゃくし）は耳かきにならぬ

大きなものが小さなものの代わりになるとはかぎらないということ。

解説

杓子は、飯や汁を盛るしゃもじのことです。先が丸くなっている形は、耳かきに似ていますが、とても耳に入るような大きさではありません。

道具には、用途というものがあります。日本画家のアトリエには、細い筆から刷毛（はけ）のようなものまで、絵を描くためのさまざまな道具が用意されています。工芸家は、自分の作品に合わせて独自のノミを作って使用していることもあります。

絵の細かいところを太筆でぬることはできませんし、空のような広い部分をぬるとき、細筆では時間がかかったり、色むらができたりします。彫刻刀にも、平刀、丸刀、三角刀など、用途によって形状がちがいます。

用途に合った道具を選んで使うことが大切なのです。

道具

蟹（かに）は甲に似せて穴を掘る

意味 **自分の能力や身分にふさわしいことをすること。**

「甲」とは甲羅のこと。蟹は、自分の体の大きさに合わせて巣穴を掘ります。体に合わない、大きすぎる穴は掘らないということです。

日本画の画家には、たくさんの色の岩絵の具を所有している人がいます。高価なものですが、微妙に色のちがうさまざまな種類の絵の具を使い分け、みごとな日本画を制作しているのです。

子どもが初めに手にするのは、12色のクレヨンや絵の具です。もっと多くの色の種類がほしいとねだる子どももいますが、いきなり多種類の色を与えても、すぐに活用できる技能があるわけではありません。まず、自分の能力に合ったものを、十分に使いこなすことが大事です。

仕上げ

画竜点睛（がりょうてんせい）を欠く

意味 **仕上げの肝心なところで、ひとつ不備があること。**

「睛」は、瞳のこと。すばらしい竜の絵でも、瞳がきちんと描かれていないと、絵全体がだいなしになってしまいます。逆にいえば、瞳はほんの一点ですが、その一点によって、竜が生き生きと見えるのです。小さなことでも、ことの成否を左右する大きな要素になるということです。

全体によく描けている絵でも、ちょっとした塗り残しなど、小さなミスで、完成度が下がってしまうことがあります。

逆に、絵の中に赤い屋根や白い船など、周囲とちがうはっきりとした色を使ったものがあると、たとえ小さなものでも、それがアクセントとなって絵全体が引きしまることがあります。小さな部分の工夫によって、作品が大幅によくなることがあるのです。

仕上げ

九仞（きゅうじん）の功を一簣（いっき）に虧（か）く

完成直前のちょっとした油断で失敗すること。

「仞（じん）」は古代中国の高さの単位で、「九仞」はかなり高いということ。「簣（き）」は、もっこ一杯分のこと。高い山を築くのに、あと一杯の土で完成、というところで、できなかったという意味です。

版画の版木を彫っているとき、ちょっとした加減で彫ってはいけない部分を削り取ってしまったら、やり直すことはできず、思いどおりに完成することはできません。また、彫刻で、鼻の先や指の先などを、ほんの少しでも削りすぎてしまったら、イメージとちがうものになってしまいます。

わずかな失敗でも、取り返すことのできないこともあります。時には、慎重のうえにも慎重に、作業をしなければなりません。

仕上げ

蛇に足を添える

わざわざ無用なことをすること。

解説

「蛇足」という熟語で、広く用いられています。蛇の絵を描いていたところ、つい得意になって足を描き加えてしまい、蛇の絵がだいなしになってしまった、という話がもとになっています。

せっかくよく描けた風景の中に、おもしろ半分に動物を描き加えたり、人物の顔にしわなどを描き込んだりして、自ら失敗作にしてしまう子どもがいますが、とても残念なことですね。絵がひととおり完成すると、緊張感がゆるんでしまいがちです。そこに、さらによりよいものを付け加えるのは、むずかしいことなのです。

ひととおり作品が完成したところで、一度制作を止めて、冷静に自分の作品を見直すようにするとよいでしょう。

評価

苦瓢（にがひさご）にも取り柄

意味 **どんなつまらない物でも、どこかしらよいところがあるということ。**

「瓢（ひさご）」は、ひょうたんや夕顔などの総称です。甘い夕顔は食用になりますが、「苦瓢」は苦くて食用になりません。しかし、かたい皮が食器などに活用されることから、このことわざが生まれました。

抽象画などは、作品を一目見ただけでは、「なぜこれが美術館に展示されてるの？」と思うこともあるでしょう。しかし、色彩や形のおもしろさ、筆づかい、作品から受ける印象などをじっくり味わってみると、作品のすぐれたところが見いだせて、納得できます。

子どもの作品も、一見よさがわからないものでも、色、形、全体の構図など、よく観察すれば、なにかしら美点を見いだすことができるものです。ほめるところを見つけ、意欲をもたせることも大切です。

評価

同床異夢

同じものごとに携わっていても、別々の考えをもっていること。

複数の人が同じ床に寝ていても、それぞれ見る夢はちがっているという意味です。

画家のゴッホとゴーギャンは、ある時期、南フランスで同居生活をして、いっしょに絵を描いていました。その作品の中には、２人で同じ題材で描いたものもあります。しかし、同じものを見て描いているはずなのに、２人の個性があらわれた、まったく作風のちがう作品になっています。題材のとらえかたや表現のしかたに、ちがいがあるからです。

同じ題材で絵を描かせると、子どもひとりひとり、ちがう作品ができあがります。それが、子どもの個性であり、安易に優劣はつけられません。技術的な指導はできますが、子どもの個性は尊重すべきでしょう。

6時間目

H.R.

学級会

短気は損気

意味 **短気を起こすと損をするということ。**

解説 縄跳び大会に向けて練習していると、失敗をめぐって学級内でトラブルが増えてくることもあるでしょう。そんなとき、学級会で話し合いをしてみるのはどうでしょうか。

失敗一つ一つに腹を立てていれば、集中力がとぎれ、緊張しすぎて失敗が増え、練習の時間が減ってしまいます。まさに短気は損気ですね。「そうならないように、どうしたらいい？」と問いかけてみましょう。

話し合いをもつことで、次の練習からは失敗にも前向きな言葉がけなどが増え、温かい雰囲気で練習ができるようになるでしょう。

関連 ・癇癪（かんしゃく）持ちの事破り

失敗は成功のもと

失敗してもその原因を突き止め、同じあやまちをくり返さなければ、成功に近づくということ。

宿題やワークブックでのまちがいは、なぜまちがえたのかを考えることで、テストではまちがえずに解け、よい点をとることができます。失敗してもそこで終わりでなく、失敗は次へのステップなのです。

失敗の経験が少なかったり、失敗を怖がったりする子どもたちが増えています。そういう時代だからこそ、ぜひ子どもたちに知ってほしいことわざですね。

学級会の時間などを活用して、友達の失敗を受容できるような学級づくりを、進めましょう。

関連・失敗は成功の母　・七転び八起き

正直は一生の宝

正直こそ、一生を通じて大切に守るべき宝だということ。

休み時間や放課後に、黒板に落書きする子どもがいます。ふざけて書いたのかもしれませんが、そのままにしていると、落書きが増えます。

落書きをした児童が、自分から名乗り出るのは勇気がいることです。しかし、自分がやったことを正直に申し出ることができれば、まわりの友達からも見直され、信頼されるでしょう。「正直に言いましょう。それができるのは、勇気がある人です」と伝え、教師があたたかく見守る姿勢で、子どもたちの良心を育てていきたいものです。

学級会の議題にして話し合うのもよいでしょう。

・正直の頭に神宿る

ACTIVITIES

部活

運動系

上手は下手の手本、下手は上手の手本なり

意味 上手な人からも下手な人からも、学ぶことはたくさんあるということ。

解説 向上心の強い人は、相手が上手だろうと下手だろうと、すべての人を手本とし、他者からヒントを得て、自分の技能の向上に役立てることができるものです。なぜあの人はうまいのだろう、あの人がうまくいかないのはなぜだろうと、他者を自分に置き換えながら練習に工夫を凝らしていると、新たなヒラメキが得られるのです。

もとは世阿弥の『風姿花伝』にある言葉です。『風姿花伝』は能の理論書ですが、生き方の参考になる言葉が散りばめられています。「あの人は上手すぎて、私とはレベルがちがう」「あいつは下手で参考にならない」などと、上手な人や下手な人を見限ってしまっては、自分の向上につながりません。すべての人から学ぶ気持ちを忘れないようにしましょう。

鵜の真似をする烏

自分の力量をわきまえずに、人の真似をして失敗すること。

鵜と烏は姿も色も似ていますが、ちがう鳥です。潜水が上手な鵜に対し、烏にその能力はありません。現実に烏が鵜の真似をするとは考えにくいので、烏は人間のおろかさをあらわすための象徴なのでしょう。

私たちは上手な人のプレーを見ると、真似をしたくなります。よく観察することは、うまくなるために大切な要素ですが、表層を真似るだけでは身につきません。あこがれの人がどのように考え、どのように取り組んできたかという、目に見えない心のあり方にも思いをはせながら練習することで、真似は本物になります。

はかりしれない可能性を伸ばすためにも、自分の個性（年齢、性格、技量）にふさわしい真似を組み入れ、練習を楽しんでほしいものです。

上手の手から水が漏れる

上手な人でも、ときには失敗することがあるということ。

野球の試合で、「このフライを捕れば優勝」と思った瞬間に、グローブからボールがポロリ…。まさかの逆転、といった悲劇は、意外にも多くの場面で生じています。

まさに「油断大敵」、「一寸先は闇」で、どれほど上手な人、自信満々の人でも、思うままにはならないことが多くあります。これと同じ意味のことわざが多いのも、「あんなに上手な人がなぜ？」という事例が、しばしば見受けられるからでしょう。常に基礎練習を怠らず、シメタと思ったときや絶好調のときこそ、気を引きしめたいものです。

・弘法も筆の誤り　・猿も木から落ちる　・河童の川流れ

負けに不思議の負けなし

意味 **負けるにはそれなりの原因や理由がある、ということ。**

解説 江戸中期の平戸藩主、松浦静山（まつらせいざん）の著した剣術指南書『常静子（じょうせいし）剣談』に、「勝ちに不思議の勝ちあり、負けに不思議の負けなし」とあります。負けには負けるだけの理由があることから、その場合には謙虚に反省して今後に向けて対処せよ、ということです。

では、どのようにして立て直しを図ればよいのでしょうか。負けの原因は多様ですが、まずは、心・技・体の三方向から、勝負の綾を分析することをおすすめします。そして、バランスのとれた心身や、まとまりのあるチームをつくり上げるように心がけましょう。

関連 ・勝つも負けるも時の運　・負け犬の遠吠え

勝ってかぶとの緒（お）を締めよ

意味 **戦いに勝っても有頂天にならず、気持ちを引き締めて次に備えよ、ということ。**

解説

かぶとは人を意味し、緒はヒモのことで引き締めるべき心のたとえです。もう負けることはないと思い込んで安心し、かぶとのヒモをゆるめていると、そのすきを突かれて苦杯を喫してしまった例が数多くあります。また、勝った後の気のゆるみが、個人はもとより組織のほころびにつながり、敗北を重ねてしまったという事例も見受けられます。

チャンピオンになるより、それを維持するほうがむずかしいものです。チャンピオンの座を守りつづけるためには、チャンピオンのプライドと、挑戦者としてのチャレンジ精神の両方が欠かせないのです。

関連 ・おごれる者は久しからず

DAY2

2日目

時間割	
1時間目	理科
2時間目	英語
中休み	
3時間目	家庭
4時間目	道徳
給食	
5時間目	音楽
6時間目	総合
放課後	部活

#01 SCIENCE

#02 ENGLISH

#03 HOME ECONOMICS

#04 MORAL

#05 MUSIC

#06 COMPREHENSIVE LEARNING

#07 ACTIVITIES

SCIENCE

理科

物理・化学

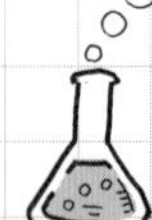

焼け石に水

意味 **わずかな支援や努力では、効果が上がらないこと。**

解説 1,000℃に熱した1kgの石を、40℃まで水で冷やすとしましょう。そのためには、およそ200kcalの熱をうばう必要があります。計算上では、20℃の水でこの石を冷やすには、石の重さの3分の1の重さの水が必要です。ところが実際には、水をかける際にほとんどの水が飛び散ってしまうので、石の10倍20倍もの水が必要となるのです。

そんなことから生まれたのが、「焼け石に水」ということわざです。ものごとをなんとかするためには、想像以上の努力や対応が必要だということですね。

関連 ・焼け石に雀の涙

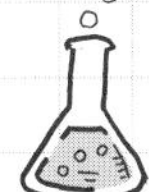

物理・化学

身から出たさび

意味 **自分の悪い行いや過失の結果、後で災いや苦しみを受けること。**

解説 武士が身につけている刀に、手入れ不足からさびが生じ、刀身を腐らせてしまうことからできたことわざです。自分の不始末や過失から生じた災いや苦しみを、さびにたとえているのです。

いわゆる赤さびは、鉄が酸素と化学反応（酸化）して生じた赤色の酸化鉄です。さびを発生させないためには、ふだんから金属の表面に油や防錆塗料を塗って、空気に直接触れないようすることが必要です。

同じ鉄さびでも、火で焼くなどしてできる黒さびは、黒鉄とも呼ばれ、鉄をじょうぶにします。赤さびを防ぐために用いられることもあります。

関連 ・自業自得

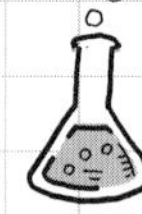

物理・化学

電光石火のごとく

意味 **あっという間のわずかな時間のこと。**

解説 　あっという間の人の反応や動作、すばやくて鮮やかな動きについて使われることわざです。電光とは、雷の光である稲妻のこと。石火とは、火を起こすとき、鉄を火打ち石に打ちつけた一瞬に出る、火花のことです。いずれも、非常にすばやく、一瞬で消えてしまいます。

　今や、100 m走のタイムを測るときにも、100分の1秒単位のごくわずかな時間を、機械で正確に計測できるようになりました。科学技術の進歩によって、電光石火の早わざも、高速度ビデオのような機械によって、かんたんにとらえられるようになったのです。

関連 ・電光朝露

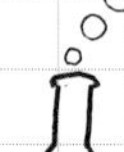

物理・科学

青菜に塩

意味 **元気をなくし、しょげてしまった様子。**

解説 　青々とした葉に塩をかけると、葉の水分が抜けてしおれてしまうのを、人がしょげてしまう様子にたとえたことわざです。

　動植物の表面には、細胞膜（皮膚）があり、体内を外界の厳しい環境から守っています。塩がつくと膜を通して中の水分が抜けるのは、浸透圧の差による現象です。塩分濃度が低いほうから高いほうに、膜を通して水分が移動して、濃度がそろうのです。陸上の動物は、厚い皮膚によって乾燥から身を守っています。なめくじは皮膚が粘膜なので、塩をかけると、青菜と同じように水分が抜けてしまいます。

関連 ・ナメクジに塩　・ヒルに塩

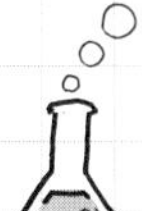

物理・化学

水と油

性質が合わず、混じりあわないこと。

水と油は、異質な液体なので溶け合うことはありません。でも、そこに酢を入れてかきまぜると、溶け合います。このことを利用した身近な食材として、マヨネーズがあります。異質で性格の合わない、水と油のような人間関係であっても、マヨネーズにおける酢のような働きをする人が加わると、ぎくしゃくした人間関係がよくなることがあります。

油には油の、水には水の役目や働きがあるように、また、酢には酢ならではの働きもあります。人間も、その人ならではの役割をきちんとはたして、よい人間関係をつくっていきたいものです。

・油に水の混じるが如し

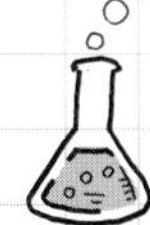

生物

水を得た魚

適した環境や活躍の場を得て、生き生きと活躍すること。

魚はえら呼吸をしています。えらがあることで、水中の酸素をとり入れることができますが、空気中の酸素はとり入れられません。

人も、自分の長所や得意なことが生かせる環境にいると、生き生きと活躍することができます。長所が生かせない環境や、得意とするものがなければ、生き生きと活躍することはむずかしくなります。

若いうちに、いろいろなことを学び、身につけて、どんな環境のもとでも、生き生きと活躍できる力を身につけたいものです。

・岡に上がった河童

生物

水清ければ魚棲（す）まず

意味 **まじめすぎると孤立しがちになり、うまく生きていけないということ。**

解説 魚は、水中にあるエサを食べて生きています。水があまりにもきれいだと、栄養分となる微生物、プランクトン、藻や小動物などが少なく、魚は生きていけないのです。

人も清くまじめすぎると、人も近寄ってこない、つまり、多くの人々と仲良く暮らせないというたとえです。

しかし、イワナ、ヤマメ、ニジマスなどは、山奥の清流に棲んでいます。清流に棲む水棲昆虫、ほかの魚、川に落ちる昆虫などを食べています。清らかな水に適した魚もいるということです。

それぞれの環境に適応して、魚も懸命に生きているのです。

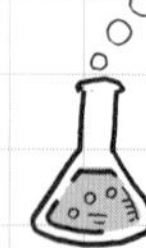

生物

弱肉強食

意味 **弱いものが強いものの餌食（えじき）になること。**

解説 強者が弱者を食いものにして、強者が栄え、弱者がほろびるという、生存競争の厳しさをあらわしています。アフリカの大草原に生きる草食動物は、大型肉食動物に食べられてしまいます。自然界の食物連鎖です。しかし、草食動物が食べつくされて滅びてしまうことはありません。同じ場所や環境の中、弱者と強者の動物同士が、一定のバランスを保って生きています。生態系バランスが保たれているのです。

人の世でも、短期間で見れば強き者が繁栄して弱き者が衰退しているように感じますが、広い視野で見直せば、弱者もほかに生きる道はありますし、強者が必ずしも長続きはしていません。

関連 ・おごれるもの久しからず

生物

まかぬ種は生えぬ

意味 **何もしないでよい結果は得られないということ。**

解説 種（タネ）から芽が出て育っていく植物のことを、種子植物といいます。種は、そのままにしていても発芽しません。土にまいた後、水をやり、適度な温かさになると発芽します。なかには、一定の期間、低温状態にならないと発芽しないものもあります。なにごとも、種をまき、さまざまな条件や働きかけがあって、はじめて芽が出るのです。

人がなにかを始めるとき、その動機や思いがあっても、そのままでは成果や結果は出てきません。結果が出るような働きかけや努力が必要になるということです。

関連 ・打たぬ鐘はならぬ　・春植えざれば秋実らず

生物

竹を割ったよう

さっぱりした性格のこと。

竹は、単子葉植物の仲間で、葉の筋（葉脈）が並んでいます。これに対して、網目のような葉脈がある食物は、双子葉植物といいます。

竹は、葉だけでなく幹も繊維が縦に並んでいるので、幹に斧を縦に入れると、スパッと縦にきれいに割れます。この真っ二つに割れた竹の筒を、流しそうめんに使うわけですね。

このようなスパッと割り切れる性格を、人にあてはめたのが、このことわざです。ものごとにこだわらない、なにごとも割り切って考える、さっぱりとした性格の人に対して、「竹を割ったよう」というのです。きっと、どの学級にもこういうタイプの子どもがいることでしょう。

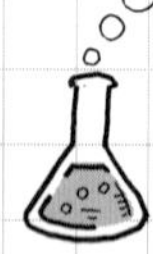

生物

雨後のたけのこ

雨の降った後のたけのこのように、次々に起きてくること。

竹林の土の中には、縦横無尽に竹の地下茎が張りめぐらされています。その地下茎から、新しいたけのこが生えてくるのです。まわりの竹からたくさんの養分を受けていますので、勢いがよく、いたるところから生えて急速に伸びていきます。種から育つ種子植物の発芽とは、まったくちがいます。

特に雨の後は、十分な水分があるので一気に、たくさんのたけのこが生えてくることから、このことわざが生まれました。

竹は単子葉植物で、太い維管束（水や養分が流れるパイプ）があるので、ぐんぐん伸びた若竹に耳をつけると、維管束を水が上がっていく音が、かすかに聞こえることがあります。

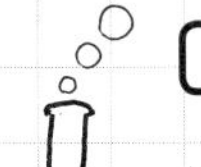

生物

木を見て森を見ず

意味 **目先のことやものごとの一部だけに気をとられていると、全体が見えず、大切なことを見失ってしまうということ。**

　木を観察しようとするとき、つい目の前の１本の木だけに注意がいきがちになります。しかし、木々は、林や森の中で、多くの植物や動物や微生物と関連して生きています。森林生態系があるのです。その全体を見ることで、１本の木がどのような存在なのか、どのように生長しているのかがわかってくるのです。

　世の中の出来事やものごと、社会現象もまったく同じです。たがいに関連しあって、ものごとは起こり、変化し、衰退しています。それを見抜くためには、それまでにつちかった見識や視野の広さが必要となります。若いうちに多くのことを学んでおきたいものです。

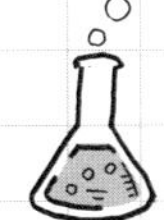

人体

五臓六腑（ごぞうろっぷ）にしみわたる

意味 **腹の底までしみわたるということ。**

　摂取した食べ物や飲み物が、体の胸部・腹部にある臓器すべてにいきわたる様子を感じるさまをいいます。そこから、人の言葉が十分納得できることにも使われることもあります。

　漢方で五臓とは、心臓・肺臓・腎臓（じんぞう）・肝臓・脾臓（すいぞう）の５つの内臓をいいます。また、六腑は消化・吸収・排泄に関係する、胃・小腸・大腸・胆（たん）嚢（のう）・膀胱（ぼうこう）と、三焦（さんしょう）のことです。三焦は、「みのわた」ともいわれ、上焦・中焦・下焦があるとされます。内臓諸器官の機能を分類する、漢方の表現です。

・話が腑（ふ）に落ちる

人体

目から鼻にぬける

意味 **非常に利口な様子。ものごとの判断が速くて賢いさま。**

解説 むずかしい質問にあっても、すばやくあざやかに適切な答えを出すような人を、「目から鼻にぬけるよう人だ」というように使います。目で見たものをすぐかぎ分ける、視覚と嗅覚がつながっているような優れた働きをすることから、いわれるようになった表現です。

目元から鼻へは涙腺という管があり、泣いたときに出た涙は、涙腺を通って鼻に流れ、鼻がぐずぐずになってきます。また、わさびを多く口にしたとき、鼻にツーンときた後すぐに目にも来ます。目と鼻がつながっている証拠ですが、こういう場合にはこのことわざは使いません。

関連 ・一を聞いて十を知る

「浮世多登恵」（歌川芳盛）

諺臍の宿替（歌川芳梅）

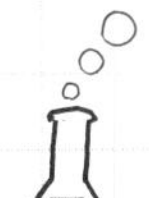

人体

手に汗を握る

意味 **スリルや危険などに直面し、緊張したり興奮したりすること。**

解説 汗には、体熱を下げるために出る汗と、興奮したときに出る汗があります。前者は、運動をして体が熱くなったときや、発熱したときの汗ですね。後者は、緊張や興奮をしたときに、交感神経が高ぶり、皮膚下の汗腺が刺激されてかく汗です。特に、あせったり必死になったりしたときは、なにか行動をしなくてはと、思わず手に力が入り、手のひらにまで汗がしみ出てきて、文字通り、手のひらで汗をにぎっている状態にもなりますね。

からいものを食べたときは、なぜか頭から汗が出ます。

関連 ・汗出でて背(はい)をうるおす

気象・季節

朝焼けは雨、夕焼けは晴れ

意味 **朝焼けはやがて雨になり、夕焼けは翌日が晴れになるということ。**

解説 朝と夕には、太陽の光は大気にななめに差しこみますから、大気中を長い距離進みます。波長の短い青い光は空気や大気中のゴミによって散乱されやすいため、青い光は地上にいる人間の目には入りません。だから、赤などの波長の長い光だけが見えて、空は赤く見えます。

天気は西から変わります。西の空に夕焼けが見えれば、西の天気がよいので、翌日は好天が期待されます。一方、朝焼けの見える東側は、その時点でとても天気がよいので、その後の天気は下り坂になる確率が高まります。だから、朝焼けは雨、夕焼けは晴れ、といわれるのです。

関連 ・朝焼けしたら川向こうに行くな　・夕焼けに鎌を研げ

国語
算数
体育
社会
図工
学級会
部活
理科
英語
家庭
道徳
音楽
総合
部活
管理職編

気象・季節

三寒四温

意味 **冬から春にかけて数日おきに寒暖が変化していくこと。**

解説 冬は、寒気団であるシベリア高気圧が発達し、日本は寒気の中にありますが、シベリア高気圧が少しずつ弱まってくると、暖かい大気が日本に入ってきます。そして、冷たいシベリア高気圧と暖かい高気圧の２つの高気圧が、日本の上空に交互にやってくるようになります。寒気団が３日ほどとどまって寒くても、次の４日ほどは暖気が押し寄せてきて暖かくなるというものです。そんな大気の様子をあらわした四字熟語です。

もともとは、冬場の中国北東部や朝鮮半島で、シベリア高気圧の勢力が７日周期で変わることをいうことわざでしたが、太平洋高気圧の影響も受ける日本ではそうした現象はまれなため、近年では春先の気温が周期的に変化する現象をいうように変化しました。

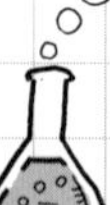

気象・季節

秋の日はつるべ落とし

意味 **秋は日が短くなり、急に日が暮れていくということ。**

解説 秋分のころは、どんどん日が短くなります。１日で約１分、１ヶ月で40分以上も、日没が早くなっていきます。これは、地球の地軸が公転面の垂直線に対して23.4度かたむいていることが原因です。つまり、地球が少しかたむいて太陽の周りをまわっているからです。

つるべとは、井戸の水を汲むための瓶（おけ）のことで、滑車に通した縄でつるしてあります。縄から手を放すと、つるべが井戸の底にすとんと落ちます。この様子を、秋の落日に当てはめてあらわしたことわざです。

関連 ・春の日は暮れそうで暮れない

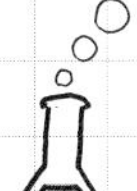

天体

月夜に提灯（ちょうちん）

必要のないもの、役に立たないものや意味のないこと。

月夜は、新聞がなんとか読めるくらいの明るさで、照度は0.5～1ルクスです。一方、ろうそくを光源とする提灯は、手元や足元なら5～10ルクスの明るさですが、明るさは距離の二乗に反比例して弱まるので、3m先にもなれば0.04ルクス以下になってしまいます。離れた夜道の先を照らすことは不可能です。これなら、満月の月夜に提灯を持って出かけても、あまり意味はありませんね。

電気も電灯もなかった昔、あたり一帯を明るく照らすためには松明（たいまつ）を用いました。ほかに照明器具がなった昔は、月のない闇夜には提灯を使ったのでしょう。月夜ではあまり必要がないため、こんなことわざが生まれたのでしょう。

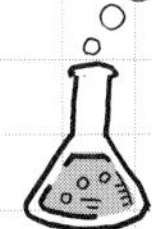

天体

さお竹で星を打つ

とうていできるはずのないことをやろうとすること。

さお竹の長さはほんの数メートル。地球からいちばん近い天体である月までの距離は約38万kmです。計算上では1億本ものさお竹をつなぐ必要があります。すぐ近くに見える月ですら、途方もなく遠くにあるのですね。

夜空の満天の星は、手の届く先にあるようにも見えますが、いちばん近くにある恒星、プロキシマ・ケンタウリでも、光速で4.2光年かかる距離です。最近、その周りには惑星が回っていることがわかりました。

・さおの先で星を突く

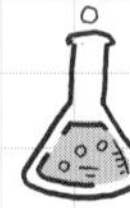

天体

星の数ほどものを言い

数えきらないくらいの意見や文句を言うということ。

「数えきれないほど」をあらわすために、「星の数ほど」といいますが、実際にどれくらいの星があるのでしょうか。

地上から肉眼で見える星は6等星くらいまでで、全部で約 6,000 個あります。北半球で見えるのは、その半分の 3,000 ほど。夜空が明るい都会では、もっと少ないでしょう。

銀河系には約千億の星があるといわれています。さらに宇宙全体には銀河が千億から２千億あると推測されています。宇宙全体の星の数は、１千億×２千億 =200 垓（がい）、2,000,000,000,000,000 となります。

実際にそれほど「ものを言う」としたら、はたしてどれくらいの時間がかかるのでしょうか。

科学的思考

百聞は一見に如かず

人の話を 100 回聞くより、一度でも自分で見たほうが確かだということ。

ものごとの形状や変化などを言葉で正確に伝えるのは、むずかしいものです。その人の主観的な思いが入り混じって、ちがったものとして伝わってしまうこともあります。そのよい例が、伝言ゲームでしょう。最初の内容が、末尾の人のところではまったくちがうものになっていた、ということが往々にしてあります。

では、自分で見れば必ずものごとが正確に把握できるかというと、そうでもありません。見る人の立ち位置、観点・視点がちがうと、別のものが見えてきます。真実を多角的な眼で探究することが大切です。

・論より証拠　・聞いて千金見て一文

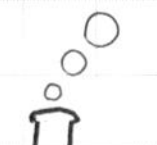

科学的思考

論より証拠

議論を重ねるより、証拠を示すほうが真実を明らかにできるということ。

「論」とは、ものごとの道理を述べることであり、意見の言い合いや言い争いのことも「論」といいます。その人の立場や主観、思い入れや発言の強さなども入り混じるため、「論」を重ねても、ものごとの是非を見定めるのはむずかしいものです。

それより、確かな証拠を示すことで事実がはっきりするということです。証拠とは、事実認定のよりどころとなるもので、客観的に第三者でもわかり、納得できるような、物、書類、人（証人）を指します。

科学では、ものごとや現象、発見などを説明するとき、証拠を示すことで、ほかの人に認められるようになります。子どもにレポートを書かせるときにも、証拠をきちんと示すように指導したいものです。

科学的思考

一枚の紙にも裏表

ものごとを多角的にとらえることが大切だということ。

紙の両面を指先でなでてみると、つるっとしたほうが表面です。ほんのわずかな差ですが、紙にも表裏でちがいがあるのです。同じような形をしているスマホや携帯電話でも、細かな機能は機種によってちがいますね。細かな機能を知り、使ってみないと、よしあしはわかりません。

ものごとを把握し理解するのに、多角的見地から見ないと正しく判断できません。多角的な視点をもてるかどうかは、意識のもちかたや視野の広さ、知識の量にかかわってきます。いつも正しくものごとを見て判断できる人でありたいものです。

もし、江戸時代の人が、携帯電話を手にしたら、どう思うでしょうか。想像してみるのも楽しいものです。

2時間目

ENGLISH

英語

LEARNING

Actions speak louder than words

訳 **行動は言葉よりも大声で語る**

解説　多くの人が「私は英語を話せるようになりたい」と言うのを耳にします。それに対して、「ではそれをかなえるために具体的にどのような行動を起こしているのか」と聞きたくなることがあります。

もし、「～したい」と言っているだけであれば、それは「あこがれ」にすぎません。しかし、具体的にそれをかなえるための手だてや達成する時間の目安を設定し、一歩を踏み出すことができたなら、それは「目標」と呼ぶことができると思います。

あこがれをたくさんもつ人は、好奇心があって人生が楽しくなるでしょう。さらに、あこがれを目標に変える行動力があれば、「～したい」ではなく、たくさんの「～できる」を得られるでしょう。

LEARNING

All things are difficult before they are easy

楽にできるようになるまでは、なにごともむずかしい

なにか新しいことをはじめたときには、だれもがむずかしいと感じるものです。時間を重ねて慣れていくことによって、徐々に簡単になっていきます。なにごとも、最初から完璧にできる人間はいないのです。

子どもたちも、ものごとがうまく進まず、ストレスがたまってしまうことがあるでしょう。しかし、そこであきらめずに続けてもらいたいものです。いつか、かんたんだと思えるときが、必ずくるはずです。

英語の学習にしても同じ、慣れてしまえばただの言語です。地道な努力を重ねて、自分のものにしてほしいものです。

関連 ・習うより慣れろ

LEARNING

Busiest men find the most time

いちばん忙しい人がいちばん暇を見つける

「時間がありませんでした」「忙しかったのでできませんでした」というような言い訳を、ふだんくり返している人にとっては、耳に痛いことばかもしれません。忙しい人は、時間を上手に使わないと仕事を終えることができません。ですから、時間を効率的に使うためのノウハウを心得ていることが多いのです。そんな人だからこそ、日々をだらだらと過ごさずに、暇な時間を見つけることができるということです。

子どもたちの日常も、宿題をして、ゲームをして、漫画を読んで、テレビを見てと、やりたいことで埋め尽くされていることでしょう。だからこそ、時間の使い方が上手になってほしいものですね。

LEARNING

He who makes no mistakes makes nothing

訳 **失敗せぬ者にはなにもできない**

解説 人は成功したときよりも失敗したときに、より多くを学ぶといわれます。うまくいったときは、その瞬間うれしくても、そこから学ぶことはあまりありません。しかし、失敗したときには、なぜうまくいかなかったのか、失敗しないためにはどうすればよいか、など、ふりかえったり分析したりします。それが、人間の成長につながるのでしょう。失敗を恐れて新たなことに挑戦しない人は、成長の機会を逃しているのです。

語学の学習も同じことがいえます。文法や発音のまちがいをおそれずに、たくさん話したほうが、早く上達します。たくさん話せば話すほど、まちがえる可能性は高まりますが、同時に、修正してもらえるチャンスも増えるのです。失敗を気にせず、ガンガン学んでいきたいものです。

LEARNING

Hope for the best and prepare for the worst

訳 **最高を望みつつ、最悪に備えよ**

解説 なにごとも準備が大切、ということをあらわしています。最高の結果を望んで準備をするにせよ、最悪の事態にも備えておかなければなりません。いつ、どんな非常事態が起こるかは、だれにも予想がつきません。考えられることはすべて想定しておいたほうが、いざというときに、パニックに陥らなくてすみます。

学校のテスト勉強も同じです。最高の結果を望みつつ、一生懸命テスト勉強をすることが大切ですが、どんな問題が出るのかはわかりません。考えられるかぎり、いろいろな問題を解き、備えておければ安心です。

LEARNING

If a thing is worth doing, it is worth doing well

する価値のあることは、立派にする価値がある

お正月に、その年の目標や抱負を決める人は多いことでしょう、しかし、それを達成するのはむずかしいものですね。このことわざは、一度始めたことは最後までやりとおすことが大事だといっているようです。

最初にやろうと決めたということは、「やる価値がある」と自分が認めた証拠です。すなわちそれは、立派にやりとおせば、すばらしい価値があるということです。

目標とは、過去の自分との約束だといえるかもしれません。未来の自分が目標に向かって努力をしていないと知ったら、やろうと決心した過去の自分は、どんな気持ちになるでしょうか。過去の自分を裏切らないように、一度決めたことはやりとおしたいものです。

LEARNING

A watched pot never boils

じっと見つめる鍋は決して煮立たない

ただ待っているだけの時間は、長く感じられることを意味しています。

インスタントラーメンを食べるとき、お湯を入れて3分間という時間は、一見短いようですが、そのときの状況によって感じ方がちがうのではないでしょうか。

お湯を入れて、3分すぎるのを、ラーメンのカップを見つめながら今か今かと待っていると、時間がたつのはとても遅く感じられます。一方で、お湯を入れた後、本を読むなど別のことに気をとられていると、その3分間はあっという間で、うっかりすると、気づいたときにはとっくにすぎていた、ということもあります。

3分という短くも貴重な時間を、有効に使えるようにしたいものです。

国語
算数
体育
社会
図工
学級会
部活
理科
英語
家庭
道徳
音楽
総合
部活
管理職編

COMMUNICATION

A stitch in time saves nine

訳 **間に合った一縫いは九度縫う手間を省く**

解説 服がほころびたときには、ほころびが小さいうちに、すぐ手当てをすれば大きく破れてしまうのを防げます。なにか問題が起きたときには、早めに解決するのがいちばんだという意味です。

なにか失敗をしたとき、子どもたちは、先生や親や友達に報告することを嫌がるものです。しかし、たとえ嫌だと感じても、言わずに黙っているのはいけません。かえって問題が大きくふくれあがり、取り返しのつかない事態に陥ってしまうこともあります。

失敗してしまったり、問題が生じたりしたときは、早いうちに対処することが大事でしょう。自分だけではなく、まわりの人に助けを求めることも必要です。それが解決へのいちばんの近道となるはずです。

COMMUNICATION

Better bend than break

訳 **折れるより曲がれ**

解説 しなやかな木は風によって曲がりますが、折れることはありません。折れるよりは、曲がるくらいのほうがよいとは思いませんか。

社会生活や人間関係においても同じです。権力者に抵抗して身をほろぼすより、屈してしたがい、機会をうかがうほうが賢明かもしれません。

なにごとにも柔軟性が大切です。友達とけんかして意地をはっていると、いつまでも仲直りできず、友達を失ってしまいます。少しでも自分に悪いことがあると思うなら、早々とあやまってしまったほうがいいと思いませんか。友達を失うよりは、少しの我慢をしてみましょう。

関連 ・高木は風に折らる　・柳に風

COMMUNICATION

Courtesy costs nothing

礼儀に費用はかからない

解説

礼儀は、なんのためにあるのでしょう。他人に不愉快な思いをさせないための、人間関係における潤滑油のようなもの。それが礼儀なのではないでしょうか。

このことわざは、礼儀正しくふるまうことに、お金は必要ないということを意味しています。お金をかけずに、少しの努力でまわりの人との人間関係がうまくいくとしたら、それを実践しないのはもったいないことですね。

子どもたちにも、ただで人間関係を円滑にできる、礼儀の効果を最大限に生かして、楽しい友人関係をつくっていってほしいものです。

COMMUNICATION

Forgive and Forget

許して忘れよ

友達の失敗が、いつまでも気になってしまうことはありませんか。思い出すだけでも怒りがこみあげて、むかついてくることがありませんか。

このことわざは、そんなことがあっても相手を許し、忘れなさい、という意味です。怒りつづけていても、その友達との距離が広がるだけで、なにもよいことがありません。早く忘れたほうが、おたがいによいのではないでしょうか。他人の失敗には寛容に。自分の失敗は経験に。

この言葉が世界中に広がって、みんなが実践できるようになったら、戦争はなくなるかもしれませんね。

・過ぎたことは水に流せ

COMMUNICATION

It is never too late to mend

訳 **改めるに遅すぎることなし**

解説 だれにでも癖はあるものですが、その癖が、もしまわりの人に不快な思いをさせているなら、改める必要があります。何歳であっても遅すぎることはありません。身についている癖を直すのは、たやすいことではありませんが、つねに意識し、努力すれば、きっと改善できるはずです。

また、失敗したり他人に迷惑をかけたりしたとき、すぐに謝罪するのが当然です。すぐに謝罪ができなかったときも、謝らないよりは、遅くなったとしても、謝ったほうがよいでしょう。

問題を先送りし、いたずらに長引かせるのは賢明ではありません。

関連 ・過ちて改むるに憚（はばか）ることなかれ

COMMUNICATION

Laugh and the world laughs with you, weep and you weep alone

訳 **笑えばまわりが一緒に笑い、泣けば一人で泣くことになる**

解説 ほがらかな気分でいる人は、自分の気持ちをほかの人にも理解してもらえるものです。悲しい顔やむずかしい顔をしていると、人に避けられてしまいます。

赤ちゃんがにっこりほほ笑むと、こちらまで笑顔になってしまいますね。笑顔は伝染するのです。笑顔の人を見ていると、不安や怒りや悲しみは消えてしまい、つられて笑顔になってしまいます。

授業中、なるべく笑顔で生徒の前に立ちたいですね。そして、子どもたちには、笑顔を伝染させられる幸せの伝道師になってほしいものです。

関連 ・笑う門には福来たる

COMMUNICATION

Let not the sun go down on your wrath

日暮れまで怒ったままではいけない

直訳すると、「怒りのうちに太陽を沈ませるな」とでもなりましょうか。怒りは早くおさめたほうがよいということです。

けんかをしたまま時間がたてばたつほど、仲直りはむずかしくなります。早めに相手に歩み寄り、仲直りをしてしまうのが賢明でしょう。

腹を立てた状態では、頭に血が上って寝つきがよくなかったり、熟睡できなかったりすることもあります。日が沈む前に解決できれば、それに越したことはありません。

とはいえ、どんなに怒っていても寝て起きたらケロリと忘れる、という人もいますね。早めに寝て、翌朝すっきり目覚めると、心に余裕ができて、あやまるのも少しは楽になるかもしれません。

COMMUNICATION

One lie makes many

ひとつの嘘は多くの嘘をつくる

一度嘘をつくと、多くの嘘をつかなければならないという意味です。

例えば、ある友達に「僕の家には大きな犬がいる」という嘘をついたとします。そうすると、その友達は別の友達にそのことを伝え、別の友達が「君の家には大きな犬がいるの？」と質問をしてきます。その質問に対しても、自分が過去についた嘘とつじつまを合わせるため、「いるよ」と嘘をつかざるをえません。そのうわさが広まり、友達があなたに「じゃあ、君の家に行かせてよ」と言ってくるとします。そうすると、自分の嘘がばれないために、「今日はお母さんが病気で寝込んでいるからダメなんだ」というような、新たな嘘をつかなければなりません。

嘘におぼれると、自分がつらくなるだけだということです。

LIFE

Best is cheapest

訳 **いちばんよいものはいちばん安いもの**

解説 買い物をするときに、質が少し悪くても安いものを買うか、値段が高くとも質がよいものを買うか、どちらにするべきでしょうか。このことわざは、安いものを買って何度も買い替えるよりは、高くて質のよいものを買って長く使いつづけるほうが、気持ちの面でも金銭的にもよい判断だ、ということをあらわしています。

流行に敏感な衣料品の世界では、安いものを買ってシーズンごとに買い替えるという時代のようですが、たまにはこだわりの一品を高いお金を出して買い、長く使い続けるのもよいのではないでしょうか。

関連 ・安物は高物　・安物買いの銭失い

LIFE

Better late than never

訳 **遅くてもせぬよりはまし**

解説 学校に遅刻する。友達との約束に遅れてしまう。だれにでも経験があることだと思います。遅れてしまって気まずいので、気持ちが乗らずに、予定を中止してしまうという人がいますが、それはもったいないことですね。遅れなければ経験できたはずのことを、逃してしまったことになります。

遅れてしまったとしても、あきらめるのではなく、気持ちを切り替えて参加してみるべきです。「今後はもう遅れない」という反省を胸に、勇気をもって踏み出すことが大切なのです。「やらなかった」「参加しなかった」ことで後悔するのは、悲しいことですから。

LIFE

Discontent is the first step in progress

不満は進歩の第一歩

解説

生きるうえで、不満はたくさん出てきます。不満をためこみ、不満に押しつぶされて、毎日を不機嫌にすごすのは、残念なことなのではないでしょうか。

不満を不満のままにしておくのは、何も変える必要がないので、ある意味で楽だといえます。しかし、不満が生まれないように環境を変えることができれば、その困難や労力と引き換えに、新しくよりよい環境を築くことができる可能性が広がっていきます。

不満があるときは、変化のチャンスです。不満が進歩のための第一歩だと思えるようにしたいものですね。

LIFE

He is rich that has few wants

何もいらない人が裕福

解説

欲望が多すぎると人は幸せになれません。お金がほしい、物がほしい、などなど、欲望には終点がないからです。なにかを得たら、次にはほかのなにかがほしくなってしまうでしょう。つねに飢えている状態は、決して望ましいものではないはずです。

老子のことばに「足ることを知る者は富む」という同じ意味の表現があります。「足る」とは満足している状態のことです。いまを満足にすごしたほうが、幸せだと思いませんか。なにごともなく、平和な日々をすごせることが、どんなに幸せなことか。

幸せは追い求めるものではなく、自分の中にあるものです。自分がいま、いかに幸せかを知ることが大切なのでしょう。

LIFE

Never trouble trouble till trouble troubles you

訳 **災いがあなたを困らすまで、その災いを災いと思うな**

解説 心配のしすぎはよくない、ということわざです。起きるかどうかわからないことを、あれこれとネガティブに考えても、よいことはないということです。

たしかに、心配のしすぎはよくないことではあります。しかし、起こりうるリスクを回避するためには、適度な心配をすることも、大事ではないでしょうか。「想定外の事態だ」などと言って、責任を回避するような大人にならないよう、心配をしすぎない程度に、いろいろな可能性を想定できる人になってほしいと思います。

trouble のくり返しによる、ことば遊びの要素もおもしろいですね。英語でも日本語でも、ことば遊びの要素はことわざの魅力のひとつです。

LIFE

There is no place like home

訳 **わが家にまさる場所はない**

解説 だれにとっても、自分の家はいちばん落ち着く場所かもしれません。家に帰れば、「おかえり」と言ってくれる家族がいて、温かいお風呂につかることができます。おいしいご飯を囲んで楽しく語り合うなんて、最高です。特に、子どもたちにとって、家や家庭は、精神的なよりどころになるものだといえるでしょう。

このことわざは、名画「オズの魔法使い」のなかの有名なセリフでもあります。不思議な国に迷い込んでしまった少女、ドロシーが、物語の最後、自分の家に帰るため、目をつむってこのことわざを唱えています。

関連 ・住めば都

\INTER MISSION/
中休み

碁（ご）で負けたら将棋で勝て

訳 **ひとつのことに失敗しても、ほかのことで取り返せばよいということ。**

解説 休み時間、ドッジボールで負けてくやし涙をふいている子どもには、「次はサッカーでやり返せ」と励ましてもよいかもしれません。

人の能力は多様で、その評価基準もひとつではありません。このことわざは、ひとつの価値観にとらわれず、得意技を伸ばそうと説いています。囲碁（不得意なこと）で輝けなくても、将棋（得意なこと）で輝くことを目指せばよいのです。

得意なことを伸ばせば、苦手なことにも前向きになれるものです。

関連 ・碁で勝つ者は将棋で負ける

子どもは風の子

訳 **子どもは、寒くても平気で戸外で遊ぶということ。**

解説 冬の晴れた日の休み時間。寒いからといって、校庭に出たがらない子どももいます。そんなときは、教師が「子どもは風の子元気な子」といって、窓を開け放ち、外に出すのがいいですね。もちろん、先生もいっしょに校庭に出ましょう。子どもは、いっしょに遊んでくれる先生が大好きです。

冬はインフルエンザの流行もありますが、ふだんから、外遊びをする元気いっぱいの声が校庭に満ちていると、心配も吹っ飛びます。よく遊んで体をきたえていれば、ウイルスも寄せつけなくなるでしょう。外遊びが終わったら、水飲み場でうがいと手洗いもお忘れなく。

HOME ECONOMICS

家庭科

衣服

馬子にも衣装

身なりしだいで、人は立派に見えるということ。

「馬子」は、人や荷物を乗せた馬を引く馬方（うまかた）のことです。たいていは、粗末な身なりで、暴利をむさぼったり、あこぎなふるまいをしたりする者も少なくありませんでした。ですから、「馬子」という言葉には、単に身なりだけでなく、品行の悪さも含まれていたことでしょう。

そんな「馬子」が、いい衣装を身につけると、いっときは品行方正な立派な人に見える、というのが、このことわざです。

さて、実際のところはどうでしょうか。そんな付け焼き刃は、長続きするものではありません。日ごろから、衣装だけでなく、内面もみがいておかなくてはなりませんね。

衣服

借り着より洗い着

人に頼ってぜいたくするより、自立した生活のほうがよいということ。

友達どうしで花火大会や夏祭りに行くとき、きれいな浴衣を着て出かけたいというのは、女の子共通の願いでしょう。友達が新調した浴衣を着ているなかで、お姉さんや親戚のお下がりの浴衣を着る子もいるかもしれません。そんな子どもに、紹介したいことわざです。

借りた晴れ着より、洗いざらした自分の着物のほうが着心地がよいということから、身の丈にあった自立した生活の大切さを教えています。

お下がりの浴衣は、最新のデザインや新品の鮮やかさはないかもしれませんが、着心地のよさや独特の味わいがあるものです。何代にもわたって受け継がれてきた愛情の記憶も、込められていることでしょう。

衣服

布に応じて衣を裁て

収入や自分の状況に応じて生活するべきだということ。

英語のことわざ、Cut your coat according to your cloth を訳したものです。衣服をつくるときには、元となる布地の大きさを考慮する必要があります。小さい布からは大きな服をつくることはできません。ここでの布は、自分の収入や暮らしの状況をたとえたものです。

布地の大きさだけではなく、布の種類も同じですね。肉体労働をするには、絹の服は不向きでしょう。木綿の服を着て仕事に精を出すほうが合理的です。見栄を張って美しい絹の服を着ていても、実際の役には立ちません。

分不相応な高望みはせずに、自分の身の丈に合った服装、生活に合った服装をすることが大切です。それは生活全般にいえることですね。

食生活

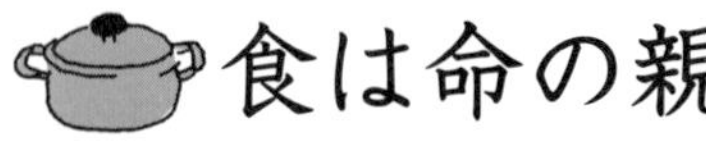

食は命の親

意味　食べることは命の根源であり、生命力の源であるということ。

解説　脚本家の内館牧子さんが大病をわずらって、食事が満足にとれない状態になったときのこと。食べるのがつらいから点滴にしてほしいと医師に訴えたところ、人が自力で食べ物をとり、のみくだすことが、回復の力になるので、スプーン一杯から始めるように言われたそうです。苦しみながら、少しずつ自分で食べることを始めたら、めきめきと回復したというのです。まさに、食べることで自分の命の力を得たということですね。

食べることは生命活動の基本です。私たちは食べることによって自分の身体をつくり、健康な状態を維持し、さまざまな活動をおこなっているのです。食の大切さをしっかり子どもたちに伝えていきたいものです。

食生活

家の内に女房とまな板はなくてはならぬ

意味　家族の穏やかな日常にとって、家事にいそしむ妻の働きと、満ち足りた食事が大切だということ。

解説　衣食住の家事を仕切るのは主婦、という認識が強かった時代には、料理に使うまな板を主婦になぞらえて、ともに家庭になくてはならないものという言い方をしました。

今はどうでしょうか。主婦にかわって「主夫」が家事を担当している場合もあるでしょうし、「家にまな板はない」という家庭もあるやに聞きます。穏やかで幸せな家庭は、主婦であれ主夫であれ、おたがいを思う真心と、よい道具に支えられるのでしょう。

家族像の変化と合わせて紹介してもおもしろいことわざです。

食生活

美味も常に食えばうまからず

意味 **おいしいものばかり食べていると、おいしさを感じないということ。**

解説　年中、粗末な食事をしていると、レストランの前のショーウィンドウに並んでいる豪華な料理に、よだれが出てきます。しかし、もし毎日のようにそんな豪華な料理を食べていたら、きっと飽きるにちがいありません。おいしいものは、時々エイッと張り込んで、気持ちも豪華になっていただくからこそ、格別おいしいのではないでしょうか。

毎日いただくご飯や、家族が早起きをして作ってくれる弁当に、飽きる人はいません。近ごろはキャラ弁といって、たいそう手の込んだ弁当もあります。なにげなく食べているご飯でも、作ってくれる人の愛情が込められています。感謝していただきましょう。

食生活

内の米より隣の麦飯

意味 **人のものがよく見えて、うらやましく思えてしまうこと。**

解説　自分の家では白米を食べているのに、隣で食べているぼそぼそとした麦飯のほうが、おいしそうに感じるという、人の心理をいっています。

お弁当を開いたとき、隣の友人のお弁当のほうがきれいでおいしそうに感じたことがありませんか。友達の家で夕食をごちそうになると、自分の家の夕食が、妙に粗末なものに思えることもあるでしょう。

他人と比較すると自分のほうが劣っているように感じてしまうことがあります。しかし、食事は家庭それぞれにちがうもの。他人をうらやむのではなく、自分の家庭の味をしっかり味わいたいものです。

関連 ・内の鯛(たい)より隣の鰯(いわし)　・隣の芝生は青い

食生活

いつも月夜に米の飯

意味 **常々そのようにありたいと願っていること。また、いつまで続いても飽きることがないこと。**

解説 今でこそ、ごくふつうのことですが、明治時代以前、白米を食べる暮らしは、庶民にとってあこがれの対象でした。日々の平穏な暮らしのなかで、美しい月をながめられること、ご飯をきちんと食べられることは、考えてみれば、とてもありがたいことではないでしょうか。

月には満ち欠けがありますし、天気の悪い日もあります。「いつも月夜」というわけにはいかないのです。月夜をあたりまえだと思わずに、感謝する心を大切にしたいものです。ましてや、米の飯についてはなおさらですね。

家族

親の恩は子で送る

意味 **親から受けた恩は、自分の子を立派に育てることで報いることができるということ。**

解説 「送る」は報いるということ。若いときの親孝行はままならないものです。たとえ気持ちがあっても、金銭的な余裕も時間もありません。自分が親になり、その子育ての過程で、親の恩を実感するものです。

子どもを育てること自体が、親の恩に報いることに通じているということです。親子の関係、子どもを産み育てることの意味などについて、考えさせるのによいことわざですね。

ただ、親孝行しなかった者の弁解として使われる場合もあるかもしれませんので、要注意です。

家族

兄弟は両の手

兄弟で力を合わせて生きていくことが大切だということ。

両手を合わせてパンと打つと大きな音がします。片手で音を出すことはできません。それになぞらえて、兄弟の力を合わせれば、困難も乗り越えられる、という意味をあらわしたことわざです。両方の手があれば、右手と左手を合わせて泉の水をすくい、かわきをいやすこともできます。両手を合わせて、幸せを祈ることもできますね。

少子化で兄弟が少なくなっている時代だからこそ、兄弟の大切さを伝えることは大切ではないでしょうか。

・兄弟は他人の始まり

家族

祖母(ばば)育ちは三百安い

祖母に育てられた子どもは甘やかされるため、ほかの子どもとくらべてしっかりとしていないということ。

自分の子どもよりも、孫のほうがかわいいとよくいわれます。かわいい孫を溺愛し、つい甘やかしてしまうおばあちゃん、おじいちゃんも多いことでしょう。そのようにして育った子どもは、自立しておらず、ほかの子どもとくらべると頼りない、ということわざです。「三百」は、「三百文」の略で、値が低いことを意味しています。

少子高齢化が進み、子どもの数は減る一方、高齢者は増えています。そんな現代社会における、育児・教育のあり方、家族や家庭のあり方を、客観的にとらえていく必要もあることでしょう。

4時間目

MORAL

道　徳

自分

光陰矢のごとし

意味 **月日が過ぎるのは早く、二度と戻らないということ。**

解説 月日の経つのはあっという間。しかも、二度と戻ってきません。光陰の「光」は日、「陰」が月を意味し、「光陰」は月日、歳月の意味となります。歳月は矢のように過ぎていく、ということですね。

ピカピカのランドセルを背負って入学したのが、つい昨日のように感じる子どもたち。入学してから卒業するまでの６年間は、まさに光陰矢のごとく過ぎ去っていきます。自分が今日一日をどのように過ごしたのかを自覚させ、一日一日を大切に過ごすように伝えたいものです。

道徳の時間に紹介して、自分の日々の生活を見つめ直すきっかけにするとよいでしょう。もちろん、入学式や卒業式、二分の一成人式など、自分の過去や未来に思いをはせる、節目のときにも使えることわざです。

玉磨かざれば光なし

学問を積んで努力し、自己を鍛錬してこそ、持っている才能の真価が発揮できるということ。

宝石も原石のままでは美しい光を放つことはありません。職人によって、丹念に磨かれてはじめて、すばらしい輝きが生じるのです。努力と修養の大切さを正面から説いたことわざです。

勉強にせよ、運動にせよ、継続し、努力しつづけなければ、自分の本当の実力もわかりません。逆にいえば、遊びだって、つきつめてその道をきわめれば、りっぱな成果につながることがあります。子どもたちに、興味があることを徹底して追求し、それを継続してほしいという願いを込めて、伝えたいことわざです。

関連 ・人学ばざれば道なし

自分

李下に冠を正さず

意味 **少しでも疑いをもたれるような行動はつつしめということ。**

解説 李の実がなっている木の下で、頭の冠を直そうとすると、遠くで見ている人には、あたかも李の実を盗もうとしているかのように見えてしまいます。あらぬ疑惑をもたれないよう、時と場所を考えてものごとをおこないなさい、ということです。

中国の『古楽府』（君子行）にあるもので、「瓜田に履を納れず」（瓜が生えている場所で履いている靴を直すな）という句と対になっています。明治時代の教科書などで多用され、現代でもよく使われることわざです。

それにしても、現代でも、このことわざがぴったりだと感じるような時事ニュースが多いというのは、残念なことですね。

人とのかかわり

十人十色

意味 **人の好みや考えはみな違うということ。**

解説 クラスの中には、だれひとり同じ人はいませんが、みんな光るものをもっています。ひとりひとり、もっている美点は十人十色なのです。

そのことが実感できる活動をご紹介しましょう。まず、子どもたちに数枚のカードを渡します。もらったカードに友達のよいところを書き出し、書き終えたら、相手に渡します。受け取ったカードを読み、自分でも気づかなかった自分の長所に気づく、という流れです。

カードをもらえない子どもがいないように、グループ内で交換し合うことにしたり、渡す相手をあらかじめ割り振ってからカードを書かせたりするとよいでしょう。

クラスの友達どうし、相互理解をはかる機会になればよいですね。

人とのかかわり

借りる時の恵比須顔、済す時の閻魔顔

借りる時はうれしそうな笑顔なのに、返す時は不愛想になること。

借りたものは返さなくてはなりません。それは頭ではわかっていても、いざ返すときになると、なにか損をしたような気分になるものです。借りているあいだに愛着を感じ、手放したくなくなってしまうのです。

子どものあいだでも、貸し借りのトラブルはよくあること。借りたものは必ず返すこと、また、返すときにも「閻魔」のような無愛想になっていないか気をつけて、「ありがとう」と感謝を伝えながら返すことが大切です。また、トラブルを避けるためには、あまり安易に大事なものの貸し借りをしないことも、心得ておきたいものです。

・用ある時の地蔵顔、用なき時の閻魔顔

人とのかかわり

親しき仲にも礼儀あり

いくら親愛な関係であっても、礼儀を失ってはならないということ。

教師と子どもが信頼しあい、親密な会話が成り立つのは、すばらしいことです。しかし、「ねぇ、先生、〜〜しなよ」というような、いわゆる「タメ口」は考えものです。子どものうちに敬語に対する感覚を養っておかないと、大人になってから苦労するかもしれません。

安土桃山時代のことわざ集『北条氏直時分諺留』にも、「親しき仲に礼あり」が収められていますので、古くからあることわざです。

このほか、「思う仲に垣を結え」「親しき仲に垣を結え」という心にくい言い回しもあります。生垣や竹垣なら、境界がありつつ透かして相手が見えるので、つながりを保持しながら一線を画すことができるというわけです。

集団・社会

無理が通れば道理引っ込む

意味 **筋道に合わないようなことがまかり通ると、ものごとが正しくおこなわれなくなるということ。**

解説 電車内の優先席に若者が座ってスマホのゲームに夢中になっています。若者の前には妊婦が立っていました。その光景を目にした人が、席を譲るように若者に声をかけました。するとその若者は、「俺は徹夜帰りで疲れてるんだ。座って悪いか！」とかえってすごむような態度で言い返し、座りつづけていました。こんな光景は目にしたくないものです。

「道理」はものごとのあるべき筋道や人のおこなうべき正しい道。その反対が「無理」。この若者のような「無理」を許していては、世の中の「道理」が成り立たなくなってしまいます。「みなさんなら、どうしますか」と問いかけ、子どもたちと話し合ってみてはいかがでしょうか。

集団・社会

桃栗三年柿八年

なにごとも、成しとげるまでには相応の年月が必要だということ。

桃や栗は実がなるまで三年、柿は八年かかる、ということから、ものごとにはそれぞれに、必要な歳月がかかるということです。

芸術やスポーツにせよ、学業にせよ、短期間で大きな目標を達成することはできません。成しとげるまでには、長いあいだの努力の積み重ねが必要なのです。

また、桃も栗も柿も、単独で生長しているわけではありません。土の中の栄養分、日の光、そして、人間による世話も必要です。多くの人々とのかかわりの大切さを、子どもたちにも自覚させたいものです。

目標に向かって、じっくり腰をすえて取り組むことの大切さ、そして、周囲の人々とのかかわりの大切さを伝えたいことわざです。

集団・社会

片手で錐（きり）はもまれぬ

ひとりでものごとを成すことはできず、他者の協力が必要だということ。

錐は、木の柄を両方の手にはさんで、こすりあわせて使う道具です。片手ではあつかえません。そのことから生まれたことわざです。

卒業記念に、学校の植物の名前を調べ、札をつける活動をしたときのことです。子どもたちだけで植物一つ一つの名前を調べるのに苦労していたら、植物にくわしい地域の同窓生が来て、次々と植物の名前を教えてくれました。自分たちだけではとても成しとげられなかったでしょう。

地域社会の協力のありがたさ、人と力を合わせて大きなことを成しとげたエピソードなどと合わせて、このことわざを紹介したいものです。

・孤掌（こしょう）鳴らしがたし

LUNCH 給食

腹が減っては戦（いくさ）ができぬ

意味 **お腹がすいていると、実力が発揮できないということ。**

解説 　食事をとることは、生きるための原点であるとともに、人生を豊かにする基本条件のひとつです。お腹がすくと血糖値が下がり、活動力もおとろえるばかりか情緒も不安定になります。また、思考力も低下して学習意欲がわかなくなるなど、すべての効率が落ちてしまいます。

　ですから、栄養のバランスのよい食事を必要かつ十分な量、適切なタイミングでとることが大切なのです。食事を楽しみながら体調をととのえ、勉強やスポーツに思う存分力を発揮したいものです。

関連 **・腹八分目に医者いらず　・腹の皮が張れば目の皮がたるむ**

卵を割らずにオムレツは作れない

意味 **何かを生み出すためには、何かを犠牲にする必要があるということ。**

解説 　You cannot make an omelet without breaking eggsという英語のことわざがもとになっています。文字通りに解釈するとあたりまえのことをいっているだけのようですが、深く解釈すると含蓄に富んだことわざです。

　よい成績をとるためには、遊ぶ時間をけずってでも、勉強する時間に費やす必要があります。マラソン大会で上位をねらうためには、寒い朝、早起きして練習する必要もあるでしょう。

　自分が望むものを得るためには、犠牲はつきものです。努力もしない人は、おいしいオムレツを食べることはできません。給食のおいしそうなオムレツを前にして、この意味深いことわざを伝えてもいいですね。

5時間目

MUSIC

歌唱

阿吽（あうん）の呼吸

おたがいの呼吸がぴったり合うこと。

音楽はたいていの場合、ほかの人といっしょにおこないます。合唱、歌とピアノ伴奏、いろいろな楽器での合奏…。ですので、ほかの人と気持ちをひとつにすること＝「阿吽の呼吸」は、音楽にとって、もっとも大事なことであるともいえるでしょう。

そして、「阿吽の呼吸」を実践するには、まさに「呼吸」、息つぎ（ブレス）をそろえることが、ポイントになります。人の呼吸というものは、ゆっくり息を吸うと、吐くのもゆっくりになり、すばやく息を吸うと、吐くのもすばやくなります。吸うスピードをそろえると、自然と音の調子もそろってきます。この感覚をみなで共有すること、それが「阿吽の呼吸」なのです。

歌唱

ことばは身の文（あや）

意味 **ことばは、その人の品性や人がらをあらわすということ。**

解説 歌を練習していると、音符を追うことに一生懸命になり、歌詞がなおざりになってしまうことがあります。歌詞のことばのひとつひとつに気持ちが込められていない歌は、人の心に届かないものです。

古くより音楽は、ことばの学問である修辞学と密接な関係にありました。作曲家は、ことばと音楽のそれぞれがもつニュアンスを、絶妙にからみあわせることで、よりよい表現を追求してきました。歌詞も音楽の一部なのです。

一度、歌詞をじっくり読み味わい、歌詞に込められた思いを見つめ、作曲者がことばと音符をどのようにからみあわせているのかを考えてみることも、よい学習になるでしょう。

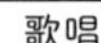

歌唱

男は度胸、女は愛嬌

意味 **男らしさはものごとに動じない力強さにあらわれ、女らしさはかわいらしさにあらわれるということ。**

解説 合唱における男声の低音は、音楽の土台を安定させる力をもち、男声ののびやかな高音は、英雄を思わせる堂々とした響きがあります。一方、女声の低音は聴く人をつつみこむ母の愛のようなぬくもりを感じさせ、女声の高音はさまざまな感情を豊かに伝えることができます。

自分がもつ声の魅力を自分自身が受け入れることは、自信につながります。声変わりが十分でない年齢の子どもにとっても、このことわざによって、歌声のイメージをもたせることができるでしょう。口にして楽しい、韻をふんだことわざです。

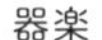

あきらめは心の養生

意味 **失敗や不運についてくよくよ考えず、気持ちを切りかえたほうがよいということ。**

解説 文字を書きまちがえたら、消しゴムや修正液で消して書き直すことができます。ところが、音楽は、一度音を出してしまうと、まちがっていても、なかったことにはできません。

人はだれでも失敗するものです。いくら後悔してもどうにもならないこともあります。終わったことをくよくよ悩んでばかりいては、前に進めません。きっぱりとあきらめることも大事です。失敗したら、どうしてそうなってしまったのかをよく反省して、同じ後悔をくり返さないことが、音楽でも人生でも大切なのではないでしょうか。

器楽

沈黙は金、雄弁は銀

意味 **雄弁より沈黙のほうが価値があるということ。**

解説 人を魅了するようなすばらしい話ができることより、黙っているほうが価値があるというのは、本当でしょうか。少なくとも、音楽においては「まさにそのとおり」といえます。

音楽における沈黙とは、「休符」のことです。すぐれた音楽家は休符をとても大切にあつかいます。休符は、音を出した後の余韻を聞かせたり、呼吸音でさえ雑音に感じられるような、張りつめた空気感をあらわしたりするための、きわめて重要な表現手段なのです。

楽譜に休符があったら、指定された拍数だけ休んでいればいい、という安易な感覚は、なるべく早く卒業させたいものです。

器楽

岡目八目

意味 **ものごとのよしあしは、当人より第三者のほうが正しく判断できるということ。**

解説 囲碁がルーツのことわざで、碁を打っている当人よりも、横から見ている人のほうがずっと先の手を見通せる、ということからきています。

音楽でも、自分の演奏のよしあしを客観的に判断するのは、むずかしいものです。先生や友達、家族に聴いてもらって、感想を聞くのがよいでしょう。だれかに感想を求めるのは恥ずかしいかもしれませんが、他人の考えを聞くことでしか得られない発見もあるはずです。

今日では、録音や録画もかんたんにできます。自分の演奏を録音・録画して、第三者の耳になって、聴いてみるのもよいでしょう。

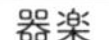
器楽

目をおおうて雀を捕らう

意味 **事実を直視せず、つまらない小手先の策を用いること。**

解説 雀が逃げるのを恐れるあまり、逃げるのが見えないように、自分の目を隠して捕えようとすることです。嫌なことを見ないようにして、かえっておろかな行為をしてしまうことをいいます。

楽器がなかなか上達しない子どもに対して、つい、「ともかく何度も練習しなさい」などと、きつく言いたくなってしまうこともあるでしょう。しかし、ただやみくもに回数を重ねても、成果は得られません。子どもたちにとって、ゴールの見えない練習はつまらなく感じるものです。

子どもたちをよく観察し、なにを改善すべきか、そのために何を意識するべきかを、ていねいに伝えることが大事です。「音楽」が「音が苦」にならないよう、できることはたくさんあるはずです。

器楽

浅い川も深く渡れ

意味 **易しそうに見えることにも細心の注意を払うべきだということ。**

解説 音楽と真剣に向きあい、能力を出しきって表現を成しとげることは、大きな達成感を与えてくれます。自分の演奏に自信がついてくると、レベルの高い曲に挑戦したくなるのは当然の欲求です。

しかし、そんなときこそ、かんたんな曲、過去にマスターした曲に、触れてみるのはいかがでしょう。上達した今だからこそ、かつては気づかなかったことに気づくことがあります。その曲の奥深い魅力や、さらに工夫した演奏のしかたなどを発見し、「ああ、こんなにすばらしい曲だったんだ」と、新鮮な驚きを感じることもあるでしょう。

シンプルな曲ほど、さまざまな解釈や演奏法の可能性が、ゆたかに広がっているものです。

器楽

手習いは坂に車を押すごとし

意味 **学問や習いごとは、努力をし続けなければすぐに元にもどってしまうということ。**

解説　このことわざにおける車とは、台車や手押し車のことです。車を押して上り坂をのぼっているとき、うっかり手をはなすと、車が坂の下まで転がり落ちてしまいます。

楽器の習得も同じです。なかなかうまくできないことを、何度も何度も、くり返し練習する必要があります。途中で嫌になることも多いでしょう。しかし、少し練習をなまけると、できるようになったはずのことも、あっという間にできなくなってしまいます。

学問も楽器の練習も、あきらめずに継続することが大切なのです。

鑑賞

所変われば品変わる

意味 **土地や風土が変われば、風俗・習慣も変わるということ。**

解説　ドイツの作曲家、ヨハン・セバスティアン・バッハ（1685 − 1750年）の肖像画を見たことがありますか。あのユニークな髪型は、じつはカツラなのです。当時のヨーロッパの貴族たちのあいだで、カツラをかぶるのが流行していました。宮廷で演奏することが多い音楽家たちも、くるくる巻き毛のカツラをかぶっていたのです。

同じころ、日本は江戸時代でした。武士がちょんまげをゆって町中を歩いていたわけです。同じ時代でも、国が変わると風俗や文化はこんなにもちがうものなのです。

関連 ・所変われば水変わる　・難波のアシは伊勢のハマオギ

鑑賞

藜羹を食らうものは大牢の滋味を知らず

粗食に慣れた者には、ごちそうの味がわからないこと。

アカザ（藜）という雑草があります。昔はこれを汁物（羹）の具にして食べていたそうです。食事としてはたいへん粗末なものでした。そのような食事しか経験したことのない人には、上質なおいしい料理を作らせようとしても、ふだん食べているものよりおいしいものは作れません。昔の人は、このことを「藜羹（アカザの汁物）を食らう者は大牢（すばらしいごちそう）の滋味を知らず」といいました。

音楽もこれと似たところがあります。日ごろからさまざまなよい音楽に触れて、感性を研ぎすませておくことは、自分の演奏や歌の質を高めることにつながります。質の高い音楽を聴くことによって、音楽の本当のすばらしさを理解することができるようなるでしょう。

鑑賞

歌は世につれ世は歌につれ

歌は世情をよく反映しているものだということ。

むかしから歌いつがれてきた唱歌や童謡、合唱曲などには、その曲が作られた時代を生きた人々の、感性や思いが反映されています。当時の世相を思いうかべ、「どんな時代に、どんな人が、どんな思いで作った曲なのだろう」と想像しながら聞いてみると、ちがった味わいがあることでしょう。

たとえば、手紙がほぼ唯一の通信手段だった時代に書かれた、恋の歌の歌詞の裏には、どんな葛藤や悩みがひそんでいるでしょう。そして、その歌詞を引き立てている旋律は、どんな動き方をしているでしょうか。

このように音楽の背景を考察してみることは、より深い表現や鑑賞をおこなうための助けとなります。

鑑賞

人とたばこのよしあしは煙となって世に出る

意味 **人間の真価は、死んだ後になってわかるということ。**

解説 ヨハン・セバスティアン・バッハは、今でこそ、「ドイツの３大Ｂ」（クラシック音楽を代表する３人のドイツ人＝バッハ、ベートーベン、ブラームス）に挙げられ、日本の音楽教育においては「音楽の父」とも呼ばれる偉人です。しかし、彼は、生前は今ほどの評価を受けていませんでした。亡くなってから80年ほど後、メンデルスゾーンがバッハの曲を演奏したことによって、世界中に知れわたることになったのです。

人の評価は、生前はわからないものです。じつは私たちの身近な人が、後世、高い評価を受けるということもあるかもしれませんね。たばこをやめられずに煙たがられているお父さんたちにも、教えてあげるとおもしろがってもらえそうなことわざです。

鑑賞

人はパンのみに生くるにあらず

意味 **物質的に満足することだけが生きる目的ではないということ。**

解説 音楽を聴いておなかがふくれることはありません。しかし、音楽には、喜びや悲しみ、興奮、安らぎなど、さまざまな感情を呼び起こす力、精神に訴える力をもっています。

物があふれ、物質的な満足を得ることはかんたんになった現代ですが、精神的な豊かさはそれだけでは得られません。音楽をはじめとする芸術によって、精神の力をやしなうことができたら、毎日がもっと彩りゆたかになることでしょう。

このことわざは、もともと聖書の一節で、「キリストの言うところを実践することが、ゆたかな精神をもった人間として生きることにつながる」という旨を説いたものです。

好きこそものの上手なれ

意味 **好きであることがものごとの上達の道だということ。**

解説 　音楽の授業で聴かされるのが、たいくつで興味のもてない曲ばかりだと、子どもは音楽の時間に「音を楽しむ」ことができません。

　今日では、放送技術やインターネットの発達により、さまざまな音楽の情報を手軽に入手できるようになりました。さまざま情報を有効に活用して、子どもたちに興味の第一歩を与えてあげることは、先生の大切な役割だといえるかもしれません。

　好きなことについては、それに時間をさくこと自体が楽しくなりますし、関心も深まります。さまざまな楽器や音楽ジャンル、アーティストを紹介し、子どもが自分のお気に入りの音楽を見つけるお手伝いができたら、すてきですね。

6時間目

COMPREHENSIVE LEARNING

総合

「創作ことわざ」の世界へようこそ！

「総合的な学習の時間」では、「創作ことわざ」という学習活動をご紹介しましょう。伝承されてきたことわざの学習をさらに発展させ、子ども自身に主体的にことわざを創作させようという授業プランです。

創作ことわざは、戦後間もない時期、成城小学校教諭だった庄司和晃氏が始められました。その後、大東文化大学で教鞭をとられるようになってからは、大学生と創作ことわざに取り組まれました。庄司氏は、創作ことわざを「生活の中から論理を発見して、結晶させること」と定義しています。その教えを継承した植垣一彦氏も、庄司氏から学んだことを日ごろの教育活動に取り入れて、すぐれた実践を残しました。

平成12年度から始まった「総合的な学習の時間」は、学び手としての子どもの能力を引きだし、子どもの発想を大切にして育てる、主体的・創造的な学習活動を展開することを重視しています。創作ことわざは、そのねらいにぴったりです。楽しく取り組めて、真理や道理を子どもひとりひとりの感性で発見できる活動だからです。

ここでは、小学校5年生を対象とした創作ことわざの授業を2つ、ご紹介しましょう。

1 「型はめ創作ことわざ」を楽しもう（小学校５年生）

昔から伝えられてきた「伝承ことわざ」のうち、類似した表現に着目して「ことわざの型」を知り、「型」をふまえて自由にことわざをつくる、という学習です。

型の例

①	○より△	「論より証拠」など
②	○は一生の△	「学問は一生の宝」など
③	○と△は□	「学者と大木はにわかにできぬ」など
④	○○に△△	「鬼に金棒」（本実践で使用した型）

	学　習　指　導	子どもの様子・反応（子どもたちの創作例）
導入	◆「鬼に金棒」ということわざを紹介し、学習のねらいをつかませる。 ◆「○○に△△」という構造を理解させて、「ただでさえ強いものが、さらになにかを得てますます強くなる」という意味をもつことわざをつくることを説明する。	◆だれもが知っていることわざを例にしたので、「知ってる！」という声があがった。積極的に取り組もうという気持ちが高まった。
1	◆食べ物の組み合わせで、気軽にことわざを考えさせる。 ◆優れたことわざの条件も子どもたちに考えさせる。	「コーラにフライドチキン」 「お茶にわらび餅」 「めしに肉の残り汁」 「キャベツにバーベキューソース」 「サーモンにレモン」 ・聞いた人がイメージできる。 ・インパクトがある。
2	◆食べ物の組み合わせを発展させる。 ・場所と食べ物 ・状況と食べ物	「風呂上がりにコーヒー牛乳」 「お祭りにわたあめ」 「お祭りにたこやき」

	学習指導	子どもの様子・反応 （子どもたちの創作例）
3	◆「○○に△△」という型にあてはめて、自由に創作させる。	「テレビにまくら」 「モノレールに夜景」 「勉強疲れにチョコレート」 「夕焼けに映る海」 「ロボットに感情」 「風呂上がりにメロン」 「こたつにみかん」
4	◆「鬼に金棒」と自分たちの作品を比較させる。	◆「鬼に金棒」のほうが、自分たちの作品よりもイメージがわき、インパクトが強いという意見があった。 ◆活動を通じて、伝承的なことわざのよさを再確認することができた。

授業メモ

かんたんに、楽しくことわざをつくることができる活動です。あらためて、ことわざのおもしろさやすばらしさを知ることができるでしょう。

ただ、課題もあります。「○○に△△」という型にはめるときには、○○には、「鬼」のように、主体的で強いものが入り、△△にはそれに付随するものが入るのが、本来のことわざの「型」です。しかし、実際に子どもにつくらせてみると、ほぼ同格のものが多くなってしまいました。

「鬼に金棒」だけでなく、「弁慶に薙刀」、「虎に翼」、「駆け馬に鞭」などを紹介しながら、「○○に△△」という型を正確につかませるとよいかもしれません。

ある子どもが創作した「ロボットに感情」は、いかにも現代的なテーマで、クラスのみんなが納得した、インパクトのある作品でした。型はめ創作では、このような作品が理想といえるでしょう。

2 名言を参考にしてことわざをつくろう（小学校５年生）

ことわざには、先人の名言がもとになったものがたくさんあります。そこで、「名言創作ことわざ」を紹介します。先人の名言を学び、自分はなにを大切にして生きるのか、どのように生きるのかを考えて、「生きる力」につながるようなことわざを創作する、という活動です。

	学　習　指　導	子どもの様子・反応 （子どもたちの創作例）
1	◆小学校５・６年生版『心たくましく』（東京都教育委員会道徳教育教材集）から名言を紹介する。 ・「学びて思わざればすなわ則ち罔く、思いて学ばざれば則ち殆し」（孔子『論語』より） ・「あたたかい心で人の中に住め。人のあたたかさは、自分の心があたたかでいなければ分かる筈もない」（吉川英治『宮本武蔵』より）	◆すなおに「そのとおり」と思った子どももいれば、「お説教くさく感じる」「ふだん使っていることばとはちがって、格調が高い」などという感想をもった子どももいた。
2	◆身近で親しみのあることばを紹介する。 ・「武道館か。毎日、公園で練習していてよかった」（EXILE の MAKIDAI） ・「愛してくれてありがとう」（アニメ「ONE　PIECE」より、ポートガス・D・エース） ・「大事な人、忘れちゃだめな人」（映画「君の名は」より）	◆自分たちが知っている人の名言に興味をもち、表情が変わった。 ◆「自分の生き方に強い影響を与えることば、役に立つことばは、すべて名言だ」と教師が伝えると、納得した様子だった。
3	◆「名言探し」をさせる。 「役に立つ、かっこいい、みんなに紹介したい、そんな名言を探そう。」 ◆サッカーや野球の専門誌、歌詞カード、伝記、マンガ、映画のパンフレットなどを持ち寄らせる。 ◆子どもたちが持ち寄った名言を教室に掲示する。	◆子どもが見つけた名言例 ・「ライバルは自分の中にいる」（ハメス・ロドリゲス、サッカー選手） ・「横から背中おすから」（back number「幸せ」より） ・「正義執行」（アニメ『ワンパンマン』より） ・「人が通ったところに道ができる」（フランツ・カフカ） ◆教室に名言ブームが起こり、教室の壁は名言でいっぱいになった。
4	◆名言に２つの型があることを伝え、自分が見つけた名言を分類させる。 〈一回性の名言〉 　特別な状況や立場があって、その必然性があって語られた名言。 〈恒常的な名言〉 　生きる指針として常に意識されている名言。	◆一回性の名言については、サッカーをやっている子はサッカーの名言など、自分と同じ立場の名言に対する熱烈な支持があった。 ◆恒常的な名言については、「なんとなく共感できる」という子どももいたが、一回性の名言ほどの支持はなかった。
5	◆名言の型をふまえて、名言風のことわざを創作する。	◆熱心に取り組み、何日もかけて 10 以上作品をつくった子どももいた。

国語 算数 体育 社会 図工 学級会 部活 理科 英語 家庭科 道徳 音楽 総合 部活 管理職編

「名言創作ことわざ」作品例

一回性の名言

・ピンチは、最高のチャンスだった。

➡「ピンチの後にはチャンスがある」は、昔からいわれてきたことですが、この作者はサッカーの試合でそれを実感したようです。

・相手チームだけでなく、自分のチームとも争え。

➡これも、サッカーをやっている子どもの作品です。たった一人しかいない正キーパー争いのなかで、この言葉を得ることができました。

・一度好きになったら、その気持ちはだれにも負けない。

➡小学校高学年の女子らしい一言です。そう、恋は戦いです。スポーツと同じように、絶対に負けられない戦い。

恒常的な名言

・自分の限界を決めるな。限界なんてない。
・今、生きていることにほこりを持て。

➡がんばり屋さん二人の力強いことばです。

・人生は自分で決めるもの。
・人に決められても楽しくないだろ。

➡作者は頼もしいクラスのリーダーです。彼にこういわれたら、みんながうなずきます。

・好きなことをいうのも勇気がいる。

➡作者は、ふだんは自分の意見をはっきりと表現できる人ですが、そういう子どもにも、ちゃんと悩みがあるようです。

・かなしいときは、すなおにいっぱいなけー。

➡思いやりのある、やさしい子の作品です。

・ケンカを止められても心は暴走ゴリラ。

➡ちゃんとした理由があるからこそ、ケンカになるのでしょう。

授業メモ

「サッカーの日本代表になって、ワールドカップで得点を決める。そのときには、こんなことばをいおう」

名言ことわざ創作をした子どものひとりがもらしたひとことです。この学習活動をとおして、これまでよりも具体的に、将来の展望をもつことができたようです。それも、明るく前向きな展望でした。

一方で、ほとんどの子どもの作品は、現実的な作品でした。落ち込んだ自分に言い聞かせることば、落ち込んでいる友達に伝えることば…。これらの作品は、名言というレベルまでは届かなかったかもしれません。それでも、一生懸命自分で考えて生み出したことばが、名言と同じように人生の危機を救うものであると信じます。

また、「恒常的な名言」を参考にしたことわざづくりでは、「自分が本当に大切にすべきだと思うことを、ことばにしよう」とだけ指示しました。子どもたちの作品を見ると、自分のためというよりは、他人へのアドバイスという口調になっている作品が多かったようです。

ことわざづくりを教室に

ご紹介した「型はめ創作ことわざ」は、小学校５年生を例にしましたが、小学校中学年でも取り組むことができます。

「男と缶コーヒーは熱いほうがいい」

これは、20年ほど前の小学校３年生による作品です。「型はめ創作ことわざ」は、小学校３年生から大人まで取り組むことができるでしょう。

「名言創作ことわざ」も、小学校５年生を例にしましたが、こちらは、ぜひ、小学校高学年、中学生、高校生に取り組んでほしい授業です。

自分でことわざをつくってみることで、ことばの感覚を豊かにしたり人生に対する考えを深めたりすることができます。また、伝承されてきたことわざの魅力を再発見することにもつながるでしょう。

ぜひ、多くの学校で取り組んでいただきたい活動です。

ACTIVITIES

部活

音楽系

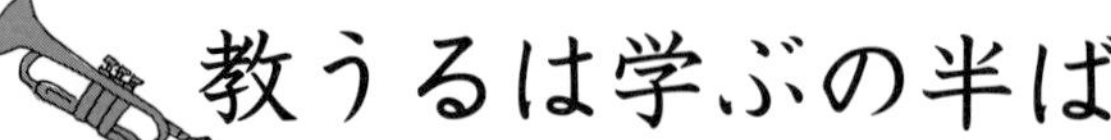

教うるは学ぶの半ば

意味 **人にものを教えることは、半分は自分の勉強にもなるということ。**

解説 休符の数えかたがむずかしい合唱曲に取り組むとき、正しい休符の数えかたができている子どもに、コツを発表してもらいました。すると、ほかの子どもたちが感覚をつかめただけでなく、発表してくれた子ども自身のリズム感も、さらに洗練されました。

人にものを教えるためには、自分自身が正しく知識や技能を身につけている必要があります。そのうえ、ほかの人に教えるという目的をもってそれを客観視し、わかりやすく言語化する必要があります。そのようなステップによって、自分自身もぐんと上達することになるのでしょう。

合唱だけではありません。楽器演奏でも、スポーツでも、そして勉強でも、子どもどうしの教えあいは、大きな成長につながります。

下手の道具選び

下手な人ほど、道具に選りごのみをするものだということ。

ヤドカリが自分の住まいを「身の丈」に合った貝殻に変えていくように、自分の能力にふさわしい道具を用いることが大切です。

楽器の演奏者は、高価な楽器、高級な楽器にあこがれます。たしかに、高級な楽器には、相応のすばらしい性能があり、よい音色を奏でることもできるものです。しかし、それも技量しだい。上手な人は、安価な楽器を用いても、すばらしい演奏ができるものです。

スポーツ用品でも、勉強道具でも同じです。勉強（練習）をおろそかにして、参考書（運動具）選びにうつつを抜かしている人はいませんか。

関連 ・弘法筆を選ばず

千里の道も一歩から

大規模で遠大なことでも、手近なことから始まるということ。

コンクールや発表会に向けた練習など、大人数でひとつの目標に取り組むときにふさわしいことわざです。「千里」は「とても遠く」という意味で用いられていますが、実際の距離でいえば、なんと約4000km。日本列島を縦断してもまだ余る距離です。

演奏や演劇などは、ある時点での完成度や進みぐあいを、はっきりとつかむことはむずかしいものです。そこで、「千里の道プロジェクト」を掲げてみるのはどうでしょう。「みんながセリフを覚えたので、50里進む」など、目標までの通過点とその達成状況を、可視化してみるのです。

子どもたちも、ゲーム感覚で取り組むことができて、おもしろがるかもしれません。

流行(はや)る芝居は外題(げだい)から

人々から評価や支持を得るには、題名が重要であるということ。

ブラスバンド部の定期演奏会が来月に迫ってきました。これまでの練習の成果で、演奏はずいぶん上達しています。このまま自信をもって、当日を迎えられるといいですね。

さて、せっかくすばらしい演奏を、できれば大勢の人に聞いてもらいたいというとき、「流行る芝居は外題から」ということわざを紹介してもいいかもしれません。外題とは、タイトルのこと。内容がよくても、題名やお客さんへのアピールのしかたがしっかりしていないと、多くの人々の興味を引くことはできません。

演奏会のテーマを明確にしたり、キャッチコピーを考えたりして、プログラムやポスターに大きく打ち出してはどうでしょう。

明日は明日の風が吹く

先のことを心配してもしかたがないので、くよくよするなという意味。

音楽のコンクールやスポーツの大事な試合などの直前は、練習にもぴりぴりとした緊張感がただよいます。そんな状況で、ミスがあったり、思うようにいかなかったりすると、本人も落ち込み、全体の雰囲気も悪くなってしまいます。

そんなとき、このことわざの出番です。「明日は明日の風が吹く」のだから、気持ちを切りかえて、また次にがんばればいいのです。うまくいかない原因について、みんなでしっかり話し合い、力を合わせることが大切です。結果がすぐに出なくても、くよくよする必要はないのです。

・明日は明日、今日は今日

管理職編

朝会……
季節
学習
友情
生活
人生

学校行事……
運動会
遠足
学芸会
音楽発表会

職員会議……

卒業式……

季節　一年の計は元旦にあり

意味　**一年間の計画は元日の朝に立てるべきだということ。**

解説

３学期の始業式。ぴりりとした１月の朝の空気のなか、少し緊張した表情の子どもたちが並んでいます。

教室に戻ると、今年の目標を書いて発表するかもしれませんね。「今年こそは、マラソン大会で○位になる」などと、はりきっている子どももいることでしょう。学年によっては、書きぞめで今年の目標を書くこともあります。

目標を達成するためには、努力が必要です。まず、年の初めにしっかりと目標を立てること。そして、それを一年間忘れずに、コツコツと努力することが大切ですね。

「元旦」は元日の朝のことだということも、教えておきたいものです。

季節　暑さ寒さも彼岸まで

意味　**冬の寒さは春の彼岸まで、夏の暑さは秋の彼岸までで、その後はしのぎやすい気候になるということ。**

解説

春の彼岸は春分の日、秋の彼岸は秋分の日のことをいいます。ちょうど、昼と夜の長さが同じになる日です。春分以後は昼間のほうが夜よりも長くなって、冬の寒さがやわらいでいきます。秋分以後は、夜のほうが昼間よりも長くなって、暑い日は少なくなっていきます。

長かった寒い季節、暑い季節も過ぎ去り、過ごしやすい季節がやってくることを、ありがたく思ったり、喜んだりするときに用いることわざです。「寒いなあ」「暑いよー」とつらそうな人に、「暑さ寒さも彼岸までだよ。もう少ししんぼうすれば、過ごしやすくなるよ」と、励ますときにも使います。

棚から牡丹餅

意味　**思いがけない幸運のたとえ。**

解説　棚の牡丹餅が偶然落ちてきて、いい思いをした、ということ。「牡丹餅」とは、餅や米飯を小豆のあんで包んだもののことです。春のお彼岸に仏前に供えるものを「牡丹餅」、秋のお彼岸に作るものを「おはぎ」、と呼び分けることもあるようです。牡丹は春、萩は秋の花ですね。

江戸時代、牡丹餅は酒とならぶ、嗜好品の代表的なものでした。ことわざとしては、「たなぼた」という短縮された言い回しもあり、現代日本語のなかでも、もっとも普及しているもののひとつともいえるでしょう。

ことわざの知名度は高いものの、こういうことがいつもあるわけがありません。やはり、日ごろの努力あってこそ、成果を得られると思っていたほうがよいにちがいありません。

季節

春眠暁（あかつき）を覚えず

意味 **春は気候もよくなってよく眠れ、つい寝過ごしてしまうということ。**

解説

春眠 暁を覚えず　　処処 啼鳥を聞く
夜来 風雨の声　　花落つること 知る 多少

孟浩然の詩「春暁」から生まれたことわざです。春になると、なぜ暁（夜明け）に気づかないほどよく眠ってしまうのでしょうか。

理由は２つあります。１つ目は、春になると日の出が早くなって、同じ時間に起きてもすでに日が昇ってしまうということ。２つ目は、寒い冬は体が冷えてつい目が覚めてしまいますが、暖かくなると体がリラックスして熟睡しやすくなるということです。

春は、体が活性化すると同時に、ホルモンバランスがくずれるなど、体調が乱れることもあります。規則正しい生活を呼びかけましょう。

季節

蟬は七日の命

意味 **生命が非常に短くてはかないこと。**

解説 蟬は、卵が木に産みつけられて冬を過ごし、翌年に孵化して幼虫となり地面にもぐります。地中で２年から７年ほど毎年脱皮しながら成長します。さなぎにはなりません。そして、夏になると地上に出て、すぐ羽化し、成虫となって飛びまわります。

鳴くのはオスです。飼育すると１週間ほどで死んでしまうので、七日の命といわれますが、自然界では１か月近く生きているそうです。

短い夏だけ地上に出て大合唱を響かせ、秋風とともにコオロギの鳴き声にとってかわられます。蟬は、はかない命を象徴する生物なのです。

関連 ・朝顔の露

火事後の火の用心

意味　**時期を失して、役に立たないことのたとえ。**

解説　火事を出してしまった後に、火の用心をしたところで意味がありません。明治時代からいわれるようになったことわざです。

冬場、乾燥して火事が多くなる季節に朝礼で取り上げ、火事になる前に火の始末に気をつけるよう、呼びかけるとよいでしょう。

一方で、このことわざは、もっといろいろな場面で使えます。たとえば、いっしょうけんめい資格試験の勉強をしても、試験の申込締切日を過ぎてから申し込んだら、せっかくの準備がふいになってしまいます。

大切な時期を逃さないように、注意を呼びかけることわざです。

関連　・後悔先に立たず

季節

猫の手も借りたい

意味　**忙しいときは、だれでもいいから手伝いがほしいということ。**

解説　農繁期などのきわめて忙しい時期に、そばでのんびり眠っている猫の様子を見た人間様の願望が、ことわざになったものでしょう。猫の前足は「手」と呼ばれるように、たいへん器用に動くことから、「猫の手」が引き合いに出されたものと考えられます。

冬休み前の朝会で、次のような話をするのはどうでしょうか。

「年の暮れは、大掃除や新年を迎える準備で、なにかと忙しい、猫の手も借りたい時期です。自分から進んで猫の手になって、手伝いましょう。もしかしたら、お年玉をはずんでもらえるかもしれませんよ」

関連　・犬の手も人の手にしたい

学習　必要は発明の母

意味　**発明は、必要に迫られて生まれるものだということ。**

解説　Necessity is the mother of invention の翻訳です。スウィフトの「ガリバー旅行記」(1726 年）に用例があり、明治の早い時期に「必要は発明の母なり」という訳語が使われていました。

家電量販店で電化製品をながめているときなど、このことわざが実感できます。洗濯機や炊飯器のない時代、汚れた衣服はたらいに水を張って手で洗濯し、ご飯はかまどに薪をくべてお釜で炊いていました。暮らしを便利にしたいという必要感から、さまざまな発明が生まれたのです。

子どもたちにも、これからの社会にとってなにが必要なのかを考えながら、さまざまな勉強に取り組んでほしいものです。未来のエジソンやスティーブ・ジョブズは、必要から生まれてくるはずです。

学習　弘法筆を選ばず

意味　**本当の名人は、道具のよしあしを問題にしないということ。**

解説　書の達人である弘法大師空海は、どんな筆でもすばらしい字を書いた、ということわざです。これはことわざ特有の誇張ですが、道具よりも自分の腕をみがくことが大事だということでしょう。

たとえば、朝会などで、こんなふうに紹介するのはどうでしょうか。

「みなさんが習いごとを始めるとき、お父さんお母さんに必要な道具を用意してもらいますね。そんなとき、『弘法筆を選ばず』と言ってみてはどうでしょう。きっとほめられますよ」

道具を選ぶより、自分が努力することの大切さを伝えたいものです。

関連　・下手の道具調べ

学習 鉄は熱いうちに打て

意味 **(1) 鍛錬やしつけは、子どもが純真なうちにするべきだということ。**
(2) ものごとは、情熱があるうちに取り組むべきだということ。

解説 鉄は真っ赤に焼けている状態で、たたいて形を整えます。冷めてからではかたくなって形を変えることができなくなります。英語のStrike while the iron is hotの日本語訳ですが、英語には(1)の教育な意味はありません。

毎日、大きな美しい声で音読する習慣をつければ、正しい姿勢や発音・発声がしっかり身につきます。ほかの学習習慣や生活習慣も同じです。子どものころから正しい方法を身につけておけば、きっと将来に役立つことでしょう。

ちなみに、ある大学生は、「飯は熱いうちに食え」といったとか。

学習

今度と化け物見たことない

意味 **約束が当てにならないことのたとえ。**

解説 「今度」とかけて「化け物」と解く。その心は、「見たことがない」。こんな、なぞかけの形式をとっていることわざです。

いつもテストの後に、「今度はがんばります」という子ども。忘れ物を注意されるたびに、「今度は気をつけます」を連発する子ども。そんな相手には、「今度と化け物見たことないよね」といってみましょう。「よし、今度こそ本当にがんばろう」と思って、努力してくれるといいですね。

「今度」ではなく、いま、このときに、全神経を集中してこそ、なにごともよい成果を生み出すことができます。「今度」の常習犯を、ユーモアをもってたしなめる、楽しいことわざです。

友情

魚心あれば水心

意味 **相手が自分に好意をもてばこちらも相手に好意をもち、自分が相手に好意をもてば相手もこちらに好意をもつということ。**

解説 「魚、心あれば、水、心あり」がもともとの言いかたで、魚が水を思う心をもてば、水も魚を思う心をもつということです。

クラスに「ちょっと苦手だな」と感じる友達もいるかもしれません。そういうときは、たいてい、相手もそう感じているのです。

ぜひ、自分から、「えいっ」と勇気を出して話しかけてみましょう。相手のよいところを見つけて、伝えてあげるとよいですね。相手を思う気持ちがきっと伝わり、仲良しになるきっかけになります。

人間関係の機微をあらわしたもので、魚や水の心という発想もおもしろいですね。子どもたちにも知っておいてほしいことわざです。

友情　雨降って地固まる

意味　**いざこざやもめごとが、かえってよい状態をもたらすこと。**

解説　雨が降ると、地面は一時的にやわらかくなり、ぬかるみますが、やがて、前よりしっかりと固まります。雨によって地盤が安定する現象に着目したことわざです。

友達とけんかしたり、意見が対立したりして、険悪な雰囲気になるのは嫌なものです。でも、その時は気づかなくとも、やがて、冷静になってみると、相手の気持ちや考えが意外なほどよくわかる、ということがあります。相手のよいところもわかり、むしろ、信頼が深まることもあるでしょう。

ときには人と対立することも、人間関係にとって大事だということを伝えたいものです。その日の天気とからめて話してもよいですね。

友情　和をもって貴(とうと)しとなす

意味　**ほかの人と仲よく、おだやかにやっていくことが大切だということ。**

解説　中国の『礼記』（儒行）に、「礼は之(こ)れ和を以(もっ)て貴(とうと)しと為(な)し」とあり、制度や社会の約束事においては、「和」の精神が重要だとしています。「和」は、やわらぐ、やわらげる、なごむ、なごやか、などと読み、響きあうこと、おだやかであること、仲よくすることなどの意味があります。

日本でも、聖徳太子の十七条の憲法の第一条冒頭に、「一に曰(いわ)く、和を以て貴しと為し、さかふること無きを宗(むね)と為す」とあります。現代でも、企業の社是・社訓などに広く用いられている、有名なことばですね。日本の金言・ことわざのなかでは、長寿第一位ということになるでしょう。

長いあいだ日本人が大切にしてきたことばであることや、「和」の精神について、子どもたちに伝えられるとよいのではないでしょうか。

生活　早起きは三文の得

意味　**早起きをすれば何かしら得があり、健康にもよいということ。**

解説　電気のない時代、社会全体が、夜明けとともに労働を開始する朝型でした。早起きは自然のリズム、体のリズムにもかなっています。勉強するにせよ、仕事をするにせよ、効率もよくなります。早起きの大切さをうったえることわざがたくさんあるのも、そのためです。

朝早く出勤して窓を開け、子どもたちの登校をむかえると、子どもの元気な様子や、ちょっと気になる様子も把握することができます。やっぱり、早起きは三文の得ですね。

関連　・朝起きの家に福来る　・朝起き七つの徳あり　・朝起き五両
・宵寝朝起き長者のもと　・早起き鳥は餌に困らぬ

生活　蟻(あり)が鯛(たい)なら芋虫(いもむし)ゃ鯨(くじら)

意味　**「ありがとう」を、ちょっとふざけて表現することば遊び。**

解説　ことば遊びが、ことわざとして使われてきた代表的な句のひとつです。たとえば、こんなエピソードを話してはいかがでしょう。

毎朝早起きをしてお弁当を作ってくれる母に、とても感謝しています。でも、面と向かって「ありがとうございます」と言うのは照れくさくて、なかなか言えません。そこである日、空っぽになった弁当箱に、蟻と鯛と芋虫と鯨の絵を描いたメモを入れておきました。それを見た母が、「これなあに」。すかさず、「蟻が鯛なら芋虫ゃ鯨」と言ったら、「ちゃんとお礼を言いなさい」と叱られましたが、母は少し笑っていました。

感謝の気持ちの大切さを述べるときに、ちょっと楽しい話題になるのではないでしょうか。

生活　急いては事をし損ずる

意味　**なにごとも、あせってやろうとすると失敗してしまいがちだということ。**

解説　ものごとに取り組むときには、あせらず、注意深くおこなうことが大切だということです。このような教訓的な内容を子どもに伝えるときには、自分の失敗談を紹介するのもよいでしょう。

「先生が子どものころのことです。友達と遊びにいきたくて、母に頼まれた部屋の掃除を大急ぎでやってしまおうと思ったら、手がすべって、大事な花瓶を割ってしまいました。母から大目玉を食い、遊びにいかせてもらえませんでした。急いでいるときほど、注意深さが必要ですね。」

先生の失敗談を聞くと、子どもたちも安心し、納得することでしょう。

関連　・せっかちのしくじり　・急がば回れ

生活　三つ子の魂百まで

意味　**子どものころからの性格は生涯変わることはないということ。**

解説　「三つ子」は三歳の子、「魂」は人間の本性とか考え方のことです。「雀百まで踊り忘れず」「かむ馬は死ぬまでかむ」「漆ははげても生地ははげぬ」など、人間の本性は変わらないということわざはたくさんあります。外国にも、「オオカミは自分の毛を変えてもその本性を忘れない」（西欧）、「子どものころに食べた蜜の味はいまだ舌に残る」（スワヒリ語）、「ゆりかごの中で覚えたことは一生続く」（コスタリカ）、「曲がって生えた木は決してまっすぐに成長することはない」（コロンビア）などがあります。

幼いときに身につけたことは、将来につながり、自立の役に立ちます。あいさつやきちんとした生活習慣を身につけさせたいものです。

人生　老いた馬は路（みち）を忘れず

意味　**十分に経験を積んだ者は、判断や方針をあやまらないということ。**

解説　長い人生を歩み、さまざまな経験を積んできたお年寄りは、若者にはない知恵を身につけているものです。

たとえば、雪国で長年暮らしてきた人は、自分の家の前から望む山々の雪の解けかたを「雪形」と呼び、その雪形によって、農作物の種まきにふさわしい日を決めることができるといいます。

このように、それぞれの地域に、その土地の風土や文化に根ざした、さまざまな知恵があるにちがいありません。お年寄りからそのような話を聞くことも、大切な学習になることでしょう。

関連　・年寄りのある家には落度がない　・年寄りは家の宝

人生　命長ければ知恵多し

意味　**長生きすれば、そのぶん知恵が備わるということ。**

解説　お年寄りを大切にする心を伝えることわざです。たとえば、こんなふうに朝会で話すのはどうでしょうか。

「子どものころ、いなかのおじいちゃんの家に行ったとき、おじいちゃんがその土地にまつわるいろいろな話をしてくれました。とてもおもしろい話でした。長生きのおじいちゃんは、さまざまな経験をして、知恵をたくさんもっているのだなあと驚きました。これからも長生きをしてもらって、もっともっと話を聞きたいと思いました」

敬老の日の前に、子どもたちに伝えるのはいかがでしょうか。

関連　・命長ければ恥多し

人生 塵（ちり）も積もれば山となる

意味 **ほんのわずかな物でも、積もり積もれば大きなものになるということ。**

解説 　子どもたちのご家族に協力してもらってベルマークを集め、ブラスバンドのために新しいスネアドラムを買った、などというときに、紹介できることわざです。そのほか、募金活動、地域でのゴミ拾い活動など、応用範囲は広いでしょう。

　いろはカルタのこのことわざの絵柄を見ると、高い山を描くものと、貯金箱などを描くもの、その折衷型があります。「山のようになった」という結果を意識するのか、「塵が積もる」過程、もしくは「貯金箱」や「掃除用具」などの手段・方法を意識するのかによって、ちがいが生じているようです。

人生 情けは人のためならず

意味 **他人に情けをかけたことが、いつか自分のためになるということ。**

解説 「平治物語」に、次のようなエピソードがあります。源頼朝が敵軍に追いつめられたときに、一人の鵜飼いに命を助けられました。頼朝は二十数年後にその鵜飼いを探し出して恩返しをしました。鵜飼いの頼朝に対する、見返りを期待しない行為は、結果として、自分のためにもなったのです。これが、このことわざの本来の意味です。

しかし、平成22年の「国語に関する世論調査」では、「人に情けをかけて助けてやることは、結局はその人のためにならない」と答えた人が約46%いて、本来の意味を答えた人とほぼ同率となりました。

人のために働いても報われないと感じることもあります。でも、長い目で見ると、じつは、自分のためになっているのではないでしょうか。

人生 喉元(のどもと)過ぎれば熱さを忘れる

意味 **苦痛を味わっても、時がたつと、その苦しさを忘れてしまうこと。また、時がたつと、苦しいときに受けた恩を忘れてしまうこと。**

解説 熱い飲み物を口に入れて予想外の熱さに驚いても、それが食道に入ると熱さを感じません。このような、体の感覚にもとづいたことわざです。

受けた苦痛を忘れずに生きていくのは、苦しいことです。忘れるからこそ、救いがあるともいえます。

友達がスランプで悩んでいるときに、親身になって支えてあげても、そこから脱した友達は、ケロリとして、自分一人の力で立ち直ったようにふるまっている。そんなこともあるでしょう。

それでも、許してあげてもいいのではないでしょうか。「喉元過ぎれば熱さを忘れる」、それが人間なのかもしれません。

人生

聞いて極楽見て地獄

意味 **他人から聞いたことと、実際に自分の目で見て体験したことには、大きなちがいがあるということ。**

解説 江戸系いろはカルタの「き」には、このことわざが使われています。絵札には、あでやかな花魁（おいらん）が描かれています。かんざしや髪飾りをつけ、豪華な衣装を身にまとった姿は、一見「極楽」のようです。

しかし、そのきらびやかな表の生活の陰には、悲惨ともいえる裏の世界があります。世間を知らない少女が、貧しい家のために犠牲となって、自由のないつらい労働を余儀なくされているのでした。

聞くだけならうらやましいようなことでも、実態を知るとたいへんな状態だということがあります。ものごとの判断は慎重にしたいものですね。

関連 ・聞いて千両、見て一両

人生　負けるが勝ち

意味　**その場では相手に勝ちを譲っても、長い目で見れば自分のほうが優位になるということ。**

解説　テレビでスポーツ選手のインタビューを見ていると、「前の試合で負けたくやしさをバネにして、懸命に練習したことが、今日の勝利につながったと思う」という話を聞くことがあります。

スポーツ大会など、勝ち負けが分かれるイベントで、負けるとくやし泣きしてしまう子どもがいるものです。そんな子どもに、このことわざを伝え、励ますのはどうでしょう。

江戸系いろはカルタの定番で、中国の「韓信（かんしん）の股（また）くぐり」の故事（名将と呼ばれた韓信は、若いときにならず者の股をくぐる屈辱にたえた）を図案にしたものが、伝統的な構図として描かれていました。昔話のさるかに合戦を題材にしたものもあります。

人生　笑顔に当たる拳（こぶし）はない

意味　**笑顔の前では、怒りも消えてしまうということ。**

解説　腹が立ち、けんかになりそうなときでも、相手の邪心のない笑顔を見ると、にぎった拳もゆるんでしまいます。笑顔は、腕力よりもはるかにまさる武器なのです。

このようなことわざを紹介するときにも、教師が自分の体験談を話すと、子どもが食いついてくるでしょう。たとえば、こんなふうに。

「先日、市役所の対応に文句を言おうと思って出かけたところ、市役所職員が、親身になって話を聞いてくれ、笑顔で応対してくれたので、怒りがすっかりおさまってしまいました。」

関連　・怒れる拳、笑顔に当たらず

人生　笑う門（かど）には福来たる

意味　**苦しいときも希望を失わず、にこやかにしていれば、幸せがやってくるということ。**

解説　縁起のよいことわざの代表的なものとして、江戸時代以前から知られています。

健康そのものの子どもの笑顔は、この世の宝物。子どもが笑顔だと周囲の大人もつられて笑顔になり、みなが笑顔で暮らしていれば、世の中全体が幸せな気持ちに包まれていくことでしょう。

このことわざは、上方系のいろはカルタの定番のひとつで、その大部分の絵柄は大黒さまの笑顔が描かれています。カルタ以外にも多くの作品が残っており、絵柄もオカメや布袋さま、招き猫を描いたものもあります。もっとも有名なものは、葛飾北斎の『北斎漫画』にあるユーモラスなもので、「福」を「河豚（ふぐ）」にかえたおかしみがあります。

『北斎漫画』

めんこ

運動会　油断大敵

意味　**気のゆるみや不注意は、失敗の原因となるということ。**

解説　運動会もいよいよ本番、子どもたちは少し緊張した面持ちで開会式に並んでいます。これまでの練習の成果を十分に出しきってほしいものですね。開会式で、このことわざを紹介しながら、「気持ち」の大切さをつたえるのはどうでしょうか。

ゴールめざして一生懸命走ってきて、ゴールテープが見えたところで「もう安心」と思って気をゆるめると、一気に抜かれてしまうことがあります。ゴールテープの先まで走り抜いて力を出し切りましょう。気持ちを引き締めていないと怪我をすることもあるので、油断してはいけませんね。

運動会　団結は力なり

意味　**ひとりの力は小さくても、大勢が団結すれば強い力をもつということ。**

解説　運動会のクライマックスは、クラス対抗リレーでしょう。クラスの中には走りが得意な子もいれば苦手な子もいます。必ずしも速い子ばかりがそろっていなくとも、バトンのパスがうまくいけば、勝てる可能性は十分にあります。

2016年のリオデジャネイロオリンピックでは、ひとりひとりの力ではほかの国に及ばない日本チームが、一致団結し、バトンパスの技術を磨き上げることで、銀メダルを獲得することができました。

ほかにも、大玉送りや組体操など、団結が力になる競技はいろいろあります。それぞれのチームで気持ちをそろえ、集団で力を出しきるという経験は、今後の人生のさまざまな局面でも生きてくるでしょう。

遠足

立つ鳥跡を濁さず

意味　**立ち去った跡が見苦しくないようにきちんとしておくべきだということ。また、引き際が清らかであることのたとえ。**

解説　愛情のぎっしりつまったお弁当を、美しい自然のなか、友達といっしょに食べるのは、遠足の大きな楽しみでしょう。楽しい食事が終わったら、持ってきたごみ袋を出させ、きちんと後始末をさせたいものです。自分たちが来る前よりもきれいにして帰るのがマナーです。

遠足や社会科見学の出発前のあいさつなどで使えることわざですね。

水鳥が飛び去ったあと、水辺が濁ることなく澄んでいる、ということですが、事実は異なり、飛び去ったあとの水は濁るのが自然。水が澄むのはしばらくたってからでしょう。つまり、経過時間を度外視して、人間が勝手に美化したことわざだといえましょう。

遠足

朝茶はその日の難逃れ

意味　**朝起きて、お茶を飲めばその日一日、災難から逃れて無事に過ごすことができるということ。**

解説　遠足の朝、お母さんから「出かける前にお茶を飲んでからいきなさい」と言われた記憶がありませんか。これは、「遠足だからとはしゃぎすぎて、けがなどしては大変よ。安全に楽しい遠足ができるように、朝、落ち着いてお茶を飲んでいきなさい」という意味です。朝のひとときを大切にして、心を落ち着けることが大事だと伝えているともいえます。

出発前の集会で、「みなさん、ちゃんと朝茶を飲んできましたか」などと用いてもよいですね。

関連　・朝茶は、七里もどっても飲め　・朝茶は、福が増す

学芸会　瓢箪から駒

意味　**思いもよらないことが現実に起こること。また、実際にはあり得ないことのたとえ。**

解説　ふだんの教室ではおとなしくて目立たない子どもが、学芸会本番で別人のような熱演を披露し、観客を魅了してしまう。そんなとき、「瓢箪から駒が出た」と評されます。そういう子は、学芸会の経験で自信を得ることができ、大きく成長することでしょう。

瓢箪から馬が出るという、現実には起こり得ない、突飛な着想のことわざです。中国・唐代の張果老という仙人は、いつも白驢（白いロバ）に乗って一日数千里を行き、休むときは瓢箪の中に白驢を収めていたといいます。

意外な結果に対し、驚きとともに使われることわざです。しかし、学芸会の名優は、たぶん、裏で相当努力していたのではないでしょうか。

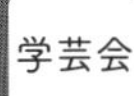

段取り八分

意味　**ものごとを成功させるには、周到な準備が必要だということ。**

解説　ものごとをきちんとやりとげるためには、段取りが大切です。手順や準備がしっかりととのっていれば、８割がた成功したようなものです。

料理を例にしてみましょう。材料、調味料、鍋や食器まで、きちんと準備し、下ごしらえをしっかりしておけば、料理の最中にあわてて探しものをするようなこともなく、おいしい料理がきっと作れます。

学芸会などの大きなイベントも同様です。計画的に準備を進めて、本番の動き方など、手順をしっかり確認しておくことが大切です。

準備や練習が始まる段階で、その大切さを伝えるために、このことわざを紹介してもよいでしょう。また、本番の講評で、段取りがよかったことをほめるために用いてもよいでしょう。

音楽発表会

終わりよければすべてよし

意味　**締めくくりさえうまくいけば、過程は問題にならないということ。**

解説　人間、だれだってまちがいます。音楽発表会や合唱コンクールの本番など、ここ一番というときにも、歌詞をまちがえてしまったり、ちがう音を出してしまったりします。

そんなときに大事なのは、次に同じまちがいをしないように気をつけることと、演奏の流れを止めずに続けることです。まちがえた瞬間は、「あっ」とパニックになって、頭の中がそのことでいっぱいになってしまいがちですが、反省は後まわし。演奏をきちんと最後まで終えることに集中するべきです。

しっかりと終えることができれば、途中のまちがいも、「あそこさえ直せばもっとよくなるぞ」と、前向きにとらえることができるでしょう。

音楽発表会

仏作って魂入れず

意味 **ものごとのもっとも大事な点をなおざりにしてしまうこと。**

解説

発表会に向けて、合唱の基本的な技術が身についてきたら、さらなるレベルアップのために、音楽を読み解いてみましょう。単に、楽譜どおりに正しく歌うだけでは、「仏作って魂入れず」になってしまいます。音楽は「魂」が大事です。

たとえば、「愉快」という気持ちにも、細かな種類があります。おもしろおかしい感じなのか、心がはずむワクワク感なのか、晴れ晴れとした爽快感なのか…。そうやって、曲を深く分析して解釈することにとって、歌いかたは、無意識のうちに変化していきます。

これまでの練習で、正しくきちんと歌えるという、「器」を手に入れました。次は、それにふさわしい魂を用意しましょう。

三つ叱って五つ褒め、七つ教えて子は育つ

意味 **子どもを叱るのは少しにし、たくさん褒めてたくさん教えてやるのがよいということ。**

解説 叱るのが三度、褒めるのが五度、そして、教えるのを七度やって、やっと子どもは育つ。子育てや教育の秘訣を、七五調のリズムで表現したものです。

以前、甲子園の高校野球で優勝した監督が、インタビューでこのことわざを使っていました。「いつも、このことわざを実践しようと心がけているのですが、実行するのは難しいものです」とその監督は話していました。教育者として、見習いたい態度ではないでしょうか。

関連 ・可愛くば五つ教えて三つ褒め、二つ叱りて善き人にせよ

二階から目薬

意味 **（1）思うようにことが運ばず、もどかしく感じること。**
（2）遠回りなやりかたで、まるで効果がないこと。

解説 ことわざには誇張がよく見られますが、このことわざもそのたぐいですね。二階から目薬をさしても眼にうまく入らず、効果がないということです。

着任して間もない若い先生が、子どもの指導や対応に四苦八苦しているとしましょう。それを見かねたベテランの先生が、「これを読みなさい」と分厚い専門書を差し出したところで、悩んでいる若い先生にとって、すぐに役に立つというものではありません。

先生どうしの教えあいにせよ、子どもの教育にせよ、相手をよく見て効果的な方法を考える必要があります。「二階から目薬」になっていないかどうか、自分を振り返ることも大切です。

負うた子に教えられて浅瀬を渡る

意味　**自分より未熟な年下の者や劣った者に、教えられること。**

解説　川を渡っている際に、背中におぶった子が、あっちが浅い、こっちが浅いと指示している様子が思い浮かびます。渡し舟や橋のない川を、浅い所を選んで歩いて渡っていた時代に生まれたことわざでしょう。

子どものなにげない一言や、さりげない行動に教えられることは、案外多いものです。日ごろ、教育にたずさわっている先生方は、このことわざを実感として受け止めていることでしょう。

子どもの鋭い指摘に「いやぁ、たいしたもんだ」と、素直に対応できるのも教師の力量かもしれません。

教師の「師」は子どもなのです。

関連　・三つ子に習いて浅い瀬を渡る

ならぬ堪忍するが堪忍

意味　**これ以上はがまんできないというところをこらえるのが、真のがまんだということ。**

解説　教師は、忍耐力が求められる仕事です。言うことを聞かない子ども。学習が進まず、理解に時間がかかる子ども。対応のむずかしい保護者…。

それでも、子どもの大きな成長を感じたり、子どもたちの笑顔に心がなごんだり、保護者や地域の方から感謝されたりして、「ああ、報われた」と感じる瞬間も、きっとあります。そんな一瞬に支えられて、ならぬ堪忍をしている先生方も、多いことでしょう。

しんぼうが美徳とされていた、昔の日本人の心根には適したことわざなのかもしれません。しかし、教師もストレスをためすぎるのは禁物です。心身が健康ではじめて、よい教育活動も可能になるはずです。

天狗は芸の行き止まり

意味　**得意になっている者は、それ以上成長せず、ものごとを極めることができないということ。**

解説　「天狗」は、思い上がって高慢なことの比喩です。教育者たるもの、「天狗」になってしまっていないかどうか、つねにわが身を振り返り、自分を律することが大切でしょう。

哲学者であり、教育者の森信三は、次のように述べています。

「教育とは流水に文字を書くような果(はか)ない業(わざ)である。だがそれを巌壁に刻むような真剣さで取り組まねばならぬ」(『教師のための一日一語』)

教育に対する厳粛な姿勢、理想を追い求める炎のような情熱に、身が引きしまる思いがします。教師も、子どもたちとともに、つねに学びつづける姿勢を大事にしたいものです。

一寸の光陰軽んずべからず

意味　**少しでも時間を無駄に使ってはいけないということ。**

解説

少年易老学難成　　少年老い易く 学成り難し
一寸光陰不可軽　　一寸の光陰 軽んずべからず
未覚池塘春草夢　　今だ覚めず 池塘春草の夢
階前梧葉已秋声　　階前の梧葉 已に秋声

この五言絶句「偶成」は、南宋の儒学者、朱熹の作とされてきましたが、室町期の日本の禅僧が、朱熹に仮託して作ったものといわれます。

「光陰」とは、時間のことです。時間を無駄に使ってはいけないことはわかっていますが、それがなかなかできないのが人間です。時にはこの言葉を思い出して、反省することも大切かもしれません。

卒業していく子どもたちに、この言葉を贈って、一日一日を大切に過ごすことを望みたいものです。

学問は一生の宝

意味　**学問は、長い人生の中で人の支えとなる大事なものだということ。**

解説

お母さんやお父さんから「勉強しなさい」と言われて、「どうして？」と思った、という経験は、多くの子どもが共有するものではないでしょうか。遊びにいきたいのに、目の前の宿題をやることが、なんの役に立つのでしょうか。

学問をするということは、人間の底力を育てるということです。生きていくうえでは、楽しいことばかりではありません。つらいこと、苦しいこと、多くの困難が待ちかまえています。そんなときに、学問によって、さまざまな考えかたを身につけていると、目の前の課題を解決する方法が、ぐんと広がります。困難に直面したときに、それを乗り越える力をやしなってくれるのが、学問なのです。

自分が興味をもったことを、学び続けることは、すばらしいことです。

聞くは一時の恥、聞かぬは一生の恥

意味 **知らないことを人に聞くのはその時は恥ずかしいものだが、聞かずに知らないままでいれば、一生恥ずかしい思いをするということ。**

解説 平安時代の武士、源義家は、若いころ、能力はあるものの戦いの理論を知らないと思われていました。しかし、義家はその後、貴族で学者である大江匡房（おおえのまさふさ）に傾倒し、学問に励むようになります。そして、後三年の役（1083 − 1087年）のとき、中国の兵書『孫子』から得た知識によって、飛ぶ雁（がん）の列の乱れから伏兵を知り、危機を乗り越えたといいます。

この場面の様子は『後三年合戦絵巻』に描かれ、いろはカルタの「聞くは一時の恥、聞かぬは一生の恥」として使われています。

子どもたちは、これから先の人生で、さまざまな困難に直面することでしょう。それを乗り越えていくためには、恥ずかしがらずになんでも人に聞き、学ぶことが大事だということを、伝えられることわざです。

雨だれ石を穿つ

意味 **小さな力でも、根気強くつづけていけば、やがて成功する。**

解説 小さな雨つぶでも、同じ石の同じ箇所に落ち続けていれば、いつしか、石にくぼみや穴ができます。

古い寺に行って、石段を上がっていくときに、石段の真ん中が低くなっていることに気づいたことはありませんか。長年のうちに、たくさんの人が石段を踏み、少しずつすり減ったのです。

小さな努力をねばり強く積み重ね、くり返すことで、大きな変化を起こすことができるということです。視覚的にイメージしやすく、子どもたちにも理解しやすいことわざでしょう。これから未来を切りひらいていく卒業生たちの、はなむけとするのはいかがでしょうか。

青は藍より出でて藍より青し

意味 **弟子が師よりも優るようになること。**

解説 藍は古くから栽培されている植物で、その葉を発酵させて染料をとります。白い布を藍で染めると、もともとの藍色よりもずっと美しく濃い青色になるのだそうです。このことから、師に就いて学んだ弟子が師よりもさらに優れた業績を生み出ことを、このことわざであらわします。

教師にとって、子どもたちが一人前になり、自分を越えて優れた人物になっていってくれることほど、喜ばしく誇らしいことはないのではないでしょうか。

卒業していく子どもたちを、「藍より青く！」と念じて見送りたいものです。

関連 ・出藍の誉れ　・氷は水より出でて水より寒し

あとがき

「ことわざはおもしろい」

６年生を担任していたときに、子どもたちがそう言うのを聞いて、ことわざ集めに取り組みました。４か月間で集めたことわざは2,101。毎朝、授業が始まる前の10分間に取り組み、まさに「塵も積もれば山となる」で、教室も廊下もことわざの短冊で埋まり、子どもたちはごきげんでした。

「ことわざ授業づくり研究会」でこの実践を紹介したとき、「子どもは、ことわざが好きですよね。いろんな教科でことわざを取り入れた授業がつくれたらおもしろいなあ」という話になりました。これが本作りのきっかけとなり、各教科の担当者を割り当てて、原稿執筆が始まりました。

「子どもたちのために、授業でも学校生活でも、先生方にことわざを活用してほしい」という思いのもと、３年がかりで、全教科・領域、そして「管理職編」まで執筆を進めました。ことばの力を育てる「国語」は、ことわざと結びつきやすいものです。教訓や生き方の示唆となることわざは、「道徳」に生かすことができます。「社会」「算数」「理科」「音楽」「図工」「家庭科」「体育」「英語」の担当者も、思いのほか楽しそうに各教科・領域の特性を生かして執筆を進めました。「総合」には創作ことわざを、校長先生を想定した「管理職編」には、全校朝会や学校行事のあいさつに使えることわざを取り入れました。

本会の顧問であり、日本ことわざ文化学会会長の時田昌瑞氏には、コンサートマスターとして執筆者に多大の教示をいただき、横浜国大名誉教授の渡辺慎介氏には、「理科」の原稿の校閲をしていただきました。編集者、山田豊樹氏は、指揮者となって原稿の過不足を補ってくださいました。デザイナー、各部門のお力にも助けられ、さながらオーケストラのような取り組みが展開されたように思います。皆様に大変お世話になり、ありがとうございました。

子どもは、本物を見分ける力が高く、「おもしろい」と思ったときの集中力はたいしたものです。授業中、興味や関心が高いときの子どもは、ぽかっと口を開け、あごが上がって、むきになったような前傾姿勢になっていることがあります。そんな様子を目にしたときの授業者の昂揚感はひと言ではあらわせません。この本からなにかしらのヒントを得て、「今日の授業、ことわざもあっておもしろかったね」と、子どもたちがいい表情を見せてくれたらなによりです。

ことわざ授業づくり研究会　安藤友子

さくいん

＊太字は見出し語

【あ】

INDEX

【さ】

INDEX

【は】

【ま】

INDEX

［執筆者一覧］（50 音順）

蟻川　剛（ありかわ　つよし）　…算数、社会、図工、給食
公立学校時間講師（港区）

安藤友子（あんどう　ともこ）　…国語、家庭科、道徳、中休み、朝会、学校行事、職員会議、卒業式
元東京都公立小学校校長（中野区）

岩川みやび（いわかわ　みやび）　…道徳、学級会、朝会、学校行事
共栄大学講師

小出統英（こいで　むねふさ）　…理科、朝会
元東京都公立中学校副校長（中野区）

大丸智史（だいまる　さとし）　…音楽、部活動、学校行事
洗足学園音楽大学非常勤助手

道岡義経（みちおか　よしつね）　…総合
東京都公立小学校教諭（立川市）

山口政信（やまぐち　まさのぶ）　…体育、中休み、給食、部活動
明治大学名誉教授

若穂囲　翔（わかほい　しょう）　…英語、給食
東京都公立中学校教諭（中野区）

[監修者紹介]

時田昌瑞（ときた　まさみず）

1945年生まれ。ことわざ・いろはカルタ研究家。日本ことわざ文化学会会長。著書に『岩波ことわざ辞典』『岩波いろはカルタ辞典』（岩波書店）、『図説ことわざ事典』（東京書籍）、『ちびまる子ちゃんの続ことわざ教室』（集英社）、『辞書から消えたことわざ』（角川SSC新書）、『思わず使ってみたくなる 知られざることわざ』（大修館書店）など多数。ことわざやいろはカルタの作品収集にも携わる。明治大学図書館・博物館に「時田昌瑞ことわざコレクション」がある。

安藤友子（あんどう　ともこ）

ことわざ授業づくり研究会代表。日本ことわざ文化学会会員。著作に「ことわざと子ども」（『ことわざに聞く――その魅力と威力』人間の科学社　所収）がある。元東京都公立小学校校長。

授業がもっと楽しくなる！ 学校で使いたいことわざ

NDC388 ／ 158p ／ 21cm

初版第1刷――2017年11月20日

監修者――――時田昌瑞／安藤友子
編者―――――ことわざ授業づくり研究会
発行者――――鈴木一行
発行所――――株式会社 大修館書店
〒113-8541　東京都文京区湯島2-1-1
電話 03-3868-2651（販売部）　03-3868-2291（編集部）
振替 00190-7-40504
[出版情報] https://www.taishukan.co.jp

装丁・本文デザイン――――園木　彩
装画・本文イラスト――加藤ジャンプ
図版提供―――――――――時田昌瑞
印刷所―――――――――――横山印刷
製本所―――――――――――難波製本

ISBN978-4-469-22261-6